U0937351

LIUTONGYE
GONGNENG KUOZHAN JIZHI
JIQI YINGXIANG XIAOYING YANJIU

流通业
功能扩展机制
及其影响效应研究

丁宁 丁华 ◎ 著

中国财经出版传媒集团

经济科学出版社
Economic Science Press

图书在版编目（CIP）数据

流通业功能扩展机制及其影响效应研究 / 丁宁，丁华著．—北京：经济科学出版社，2021.7
ISBN 978－7－5218－2665－4

Ⅰ．①流…　Ⅱ．①丁…②丁…　Ⅲ．①零售业－商业模式－研究－中国　Ⅳ．①F724.2

中国版本图书馆CIP数据核字（2021）第128830号

责任编辑：胡成洁
责任校对：李　建
责任印制：范　艳　张佳裕

流通业功能扩展机制及其影响效应研究
丁宁　丁华　著
经济科学出版社出版、发行　新华书店经销
社址：北京市海淀区阜成路甲28号　邮编：100142
经管中心电话：010－88191335　发行部电话：010－88191522
网址：www.esp.com.cn
电子邮件：expcxy@126.com
天猫网店：经济科学出版社旗舰店
网址：http://jjkxcbs.tmall.com
北京季蜂印刷有限公司印装
710×1000　16开　13.5印张　230000字
2021年7月第1版　2021年7月第1次印刷
ISBN 978－7－5218－2665－4　定价：60.00元

序　言

党的十八大以来，通过组织、技术、制度层面的创新，流通业组织化、信息化和专业化水平显著提升，服务功能不断拓展，并在产品的工艺、产品、功能和价值链整链升级中发挥着主导作用。流通功能的拓展也不断扩大流通业在扩大内需、结构转型、吸纳就业等方面的影响效应，从而推动流通业的产业地位不断提升，使其成为现代服务业的重要组成部分，其先导性和基础性作用在国民经济发展过程中也日益凸显。

积极拓展流通功能，发挥流通体系的积极效应具有深刻的现实意义。2017 年 10 月，党的十九大提出深化供给侧结构性改革，支持传统产业优化升级，加快发展现代服务业；2019 年 11 月，国务院出台了《国务院办公厅关于加快发展流通促进商业消费的意见》；2020 年 9 月 9 日，习近平同志主持召开中央财经委员会第八次会议，强调流通体系在国民经济中发挥着基础性作用，构建新发展格局，必须把建设现代流通体系作为一项重要战略任务来抓，统筹推进现代流通体系硬件和软件建设，发展流通新技术新业态新模式，完善流通领域制度规范和标准，为构建以国内大循环为主体、国内国际双循环相互促进的新发展格局提供有力支撑。

本书从流通创新的视角研究我国现代流通业发展，阐明流通创新与价值链互动发展的机理，实证研究创新对现代流通业在提升制造业价值链效率和扩大消费上的绩效，探索流通创新空间扩散的理论基础和经验证据，定量评价制度因素对商贸服务绩效的影响，提出加快流通创新发展流通业对策。这对完善流通业发展理论，揭示流通创新、价值链升级与发展流通业之间的内在逻辑联系，探索科学合理的商贸服务绩效评价方法，拓展流通创新研究的深度和广度具有重要理论意义；对指明流通创新方向和途径，深化流通体制改革，加快我国现代流通业发展，促进经济结构战略性调整，提升产业竞争力，构建扩大内需的长效机制，也具有重要应用价值。

在流通创新与企业价值链互动发展的机理与绩效研究中，本书阐释零售商双边交易平台、批发组织创新和供应链战略联盟三种流通组织创新形式与企业价值链互动发展的机理。分析我国流通企业“走出去”的方式、区位和经营绩效，研究我国自主分销体系提升制造业在全球价值链位置的机理和作用。运用 DEA-Malmquist 指数方法计算与分解流通产业全要素生产率，分析其在时间和空间上变化特征，以此对流通效率增长进行评价，并实证研究流通创新对制造业全要素生产率提升的绩效。

在流通创新与顾客价值链互动发展的机理与绩效研究中，本书在钱纳里消费模型基础上加入反映流通创新的解释变量，构建面板数据模型，实证检验现代流通业通过流通创新对居民消费的促进作用。根据哈夫模型（Huff Model），结合实际调查数据，对中国城市商圈扩张和阻抗因素进行实证分析。在流通创新空间扩散方面，本书研究了流通业空间布局优化的理论基础，对我国中心地体系的流通规模等级结构特征进行了实证分析。

本书联系中国流通创新现实背景，构建相关理论假说，运用《中国市场化指数报告》中相关数据对产品和法律环境、市场中介组织等制度变量进行量化处理，从产品市场发育和法律制度环境视角出发，运用中国省级面板数据，实证研究制度在流通创新层面对商业效率外溢效应的影响。结合中国流通创新的现实状况，从流通制度、组织与技术创新角度，分析制约商贸服务绩效的因素，为提升商贸服务绩效和发展现代流通业提供政策依据。根据流通创新与价值链互动发展的机理，结合实证分析结果，提出发展我国流通业的对策。

本书研究表明，我国流通效率增长更多来自技术进步，技术创新和组织创新的作用较小。中国流通效率增长存在区域差异，并呈现出明显的周期性和波动性，且波动周期逐渐缩短。市场化改革显著促进流通效率的增长，表明我国流通业的发展是一个诱致性技术变迁和强制性制度变迁相互交织推动的过程。流通技术进步和组织创新对制造业全要素生产率的提升产生较为明显的促进作用，而技术效率对制造业全要素生产率提升的作用不显著。另外，流通技术进步和组织创新对居民消费率的提升产生较为明显促进作用，而技术效率对居民消费率提升的作用不显著，城市商圈扩张因素主要来自选址和城市规划带来的购物便利性以及设施、业态、品类组合带来的综合辐射效应。

我国区域流通体系中表现出“省会城市——次级城市——县城——城镇”的阶层性特征，我国市级中心地自身流通产出规模与其流通产出总规模之间的比值约为0.7，县级中心地自身流通产出规模与其流通产出总规模之间的比值约为0.3，中心地系数随城市等级提高而上升。但中心地系数的过快上升也表明城乡流通体系差距较大，因此需要重视发展县域中心地体系来优化流通规模等级分布。

本书综合运用零售、渠道结构与博弈相关理论，分析主导型实体零售商的渠道结构选择问题。结果表明，零售商双渠道结构是实体零售最优的渠道选择。本书构建双渠道实体零售利润、价格和需求函数，运用博弈论、算例与敏感度分析方法，对双渠道实体零售同价策略与异价策略下各均衡值进行比较分析。结果表明，在线上线下渠道间价格弹性系数较大和消费者对线上线下渠道偏好差别较小时，同价策略是双渠道实体零售的最优定价策略。结合笔者实地调研的国美电器案例研究，通过国美电器不同产品线上网络渠道与线下传统渠道销售价格的比较分析，进一步验证本书关于双渠道实体零售定价策略的研究结论。

本书的研究结果还表明，在产品市场发育程度越好和法律制度环境越完善的省份，流通功能对制造业外溢效应也越高。在推动流通创新提升制造业效率的过程中，需要积极推动现代流通业自主创新，更要重视流通领域法制化和政府规制体系的建设工作，并加强产品、要素市场发育及法制化建设。

目　　录

第一章

引　言

第一节　问题的提出

改革开放以来，我国流通业取得较快发展。特别是党的十八大以来，组织、技术和制度层面的流通创新对流通业经营方式产生革命性影响。连锁经营、电子商务、全渠道等现代商业经营模式和信息技术在我国得到较大程度的普及和推广，流通业资产重组、股份制改造和产业融合的步伐也大大加快，流通创新不仅显著地提升流通业组织化、信息化和专业化水平，而且不断拓展流通业服务功能。在产品服务中，流通业中的销售、品牌、规则设计对制造业产生较强的外溢效应，其生产者服务能力不断延伸与拓展。而在消费者服务方面，流通创新在提升流通业满足顾客需求和价值交付等功能方面的作用也非常显著。另外，通过"搞活流通、扩大消费"等流通政策创新，流通业在稳定内需和经济增长中也发挥了非常积极的作用。流通创新不仅提升流通业作为联系生产和消费的中介服务绩效，而且通过与企业价值链和顾客价值链的互动发展，极大地增加产品附加值，推动流通业地位不断提升，使其成为现代服务业的重要组成部分，并在国民经济中日益凸显其先导性和基础性作用。

从全球范围看，大型零售连锁企业在促进劳动就业、稳定物价等方面发挥了积极作用，企业之间激烈竞争也提升了销售产品的质量。国外流通业的快速发展与业态、技术和组织层面的流通创新是紧密联系的，连锁经营成为流通业最主要的组织特征，信息网络、电子扫描技术以及计算机管理被大量引入收银结算、库存管理和物流配送等业务环节。由于各国流通体系的差异，流通创新主要集中于零售市场，因此西方称之为“零售创新”。随着全球价值链活动的深入发展，零售商、品牌运营商依靠其卓越的品牌、销售渠道、研发设计、金融服务在一些劳动密集型产品的工艺流程、产品、功能和价值链整链升级中发挥着主导作用，因此被称为“买方驱动的价值链创新”（Gef-fi，1999）。

但是目前，我国流通业发展还存在一些局限。例如，我国流通业组织化和专业化水平亟待提升，和发达国家相比，我国流通信息化与标准化程度较低，流通技术创新的推广力度不足，缺乏能够整合价值链创新的大型流通企业，从而抑制制造业流通业务外包的动力和价值链创新绩效。在空间布局上，城乡流通业之间存在较大二元结构差距，流通创新在空间范围发展不平衡，阻碍扩大消费长效机制的建立。由此导致城市商业恶性竞争、农民“买难卖难”、流通渠道不畅等问题。另外，政府对流通业仍未形成统一高效的市场规制体系，导致渠道冲突频发，一些地方和产品市场竞争秩序较为混乱。这不仅推动流通业成本和费用上升，也割裂了价值链活动主体之间的分工协作，从而制约流通功能在提升产业竞争力和扩大内需中的影响效应。

加快流通创新发展，充分发挥流通功能和影响效应具有深刻的现实意义。2017 年 10 月，党的十九大提出深化供给侧结构性改革，支持传统产业优化升级，加快发展现代服务业。2019 年 11 月，国务院出台了《国务院办公厅关于加快发展流通促进商业消费的意见》。2020 年 9 月 9 日，习近平同志主持召开中央财经委员会第八次会议，强调流通体系在国民经济中发挥着基础性作用。构建新发展格局，必须把建设现代流通体系作为一项重要战略任务来抓，统筹推进现代流通体系硬件和软件建设，发展流通新技术新业态新模式，完善流通领域制度规范和标准，培育壮大具有国际竞争力的现代物流企业，为构建以国内大循环为主体、国内国际双循环相互促进的新发展格局提供有力支撑。

加快发展流通，促进和发挥流通功能和影响效应是构建新发展格局的重要课题。本书阐明流通创新与价值链互动发展的机理，实证研究流通功能提升制造业价值链效率和扩大消费中的绩效，探索流通创新空间扩散的理论基础和经验证据，定量评价制度因素对流通功能外溢效应的影响，并提出相关政策建议。这对完善流通业发展理论，揭示流通创新、价值链升级与流通功能之间内在逻辑联系，探索科学合理的商贸服务绩效评价方法，拓展流通业功能及其效应研究深度和广度具有重要理论意义；对指明流通创新方向和途径，深化流通体制改革，加快我国流通业发展，促进供给侧结构性改革，构建现代流通体系，提升产业竞争力具有重要应用价值。

第二节 研究的主要内容、基本思路和方法

一、研究基本思路

首先，本书从理论上阐释流通创新促进企业价值链与顾客价值链效率提升的机理，实证研究流通功能对制造企业和顾客价值链创新的绩效。其次，研究流通创新与流通业空间优化的理论与经验依据，重点分析城市零售企业对农村市场流通创新的动力机制、阶段特征与影响因素。再次，分析法律环境和市场发育两个制度层面影响流通功能影响效应的机理，并对推演的理论假说进行实证检验。结合流通创新的现实背景，探讨制约我国流通功能及其效应的因素。最后，提出加快流通创新充分发挥流通功能及其效应的对策。

二、研究方法

（一）实地调查研究

本书通过问卷调查、个别访谈方法，围绕城市主次商圈的业态分布和服务功能展开实地调查，以阐明研究问题，在此基础上以 5 级李克特量表（Likert scale）设计调查问卷，通过问卷获取的数据对中国城市商圈扩张和阻抗因素进行实证分析。

（二）统计与计量经济学方法

为定量评价流通功能及其影响效应，运用数据包络方法（DEA）计算制造业和流通业全要素生产率曼奎斯特指数（Malmquist Index）并对其进行分解，使用我国省份数据构建面板数据（panel data）模型，采用工具变量法、系统广义矩、差分广义矩等动态面板方法实证研究流通功能拓展对制造业和居民消费的外溢效应，使用离散选择模型研究居民对城市商圈购物决策。

（三）案例研究分析和算例分析方法

构建双渠道实体零售利润、价格和需求函数，运用博弈论、算例与敏感度分析方法，对双渠道实体零售同价策略与异价策略下各均衡值进行比较分析，并运用国美电器案例对研究结果进行验证。在考虑产品销售价格、制造商批发价、消费者偏好及渠道间价格弹性系数的基础上，讨论实体零售渠道结构中需求、价格和利润变化。

三、研究的主要内容

本书共分十章，除第一章导论和第十章结论与相关政策启示外，主要研究内容如下。

第二章为文献综述。对国内外流通功能扩展、流通创新的演变与发展进行全面梳理，对流通创新历史上的流通功能演进发展规律进行归纳总结，从企业价值链和顾客价值链两个方面界定流通功能及其影响效应内涵，构建本书的理论框架。

第三章为流通创新与企业价值链互动发展的机理与绩效研究。研究零售商双边交易平台、批发组织创新和供应链战略联盟三种流通组织创新形式与企业价值链互动发展的机理。分析我国流通企业“走出去”的方式、区位和经营绩效，研究我国自主分销体系提升制造业在全球价值链位置的机理和作用。

第四章为流通效率评价及其影响制造业效率的实证分析。使用批发和零售业的省级面板数据，运用 DEA-Malmquist 指数方法计算与分解流通业全要素生产率，分析其在时间和空间上变化特征，以此对流通效率增长进行评价。为验证流通创新基础上流通业与制造业价值链互动发展的机理，使用我国省际数据构建面板模型，实证研究流通功能对制造业全要素生产率提升的绩效。

第五章为流通创新与顾客价值链互动发展的机理与绩效研究。研究流通创新与顾客价值链互动发展的机理，在钱纳里消费模型中加入反映流通功能拓展的解释变量，构建面板数据模型，实证检验流通业通过流通功能扩展对居民消费的促进作用。定量计算流通功能对我国居民消费率的贡献度，根据哈夫模型，结合实际调查数据，对中国城市商圈的扩张因素和阻抗因素进行实证分析。

第六章为我国流通业空间布局优化的机理。流通业布局优化是流通功能在空间范围的延伸和扩展，不仅关系城市和农村商业网点的科学设置，而且影响流通功能与制造业企业价值链和顾客价值链相互作用效果。本章分析我国流通业空间布局状况，探讨优化流通业空间布局的现实机遇，研究优化流通业空间布局的理论基础，对我国中心地体系的流通规模等级结构特征进行实证分析。

第七章为实体零售线上线下融合的商业模式创新。对实体零售线上线下融合的商业模式创新效果进行整体评价，研究实体零售线上线下融合商业模式创新中存在的问题，探索实体零售线上线下融合商业模式创新的发展路径。运用零售、渠道结构与博弈相关理论，分析主导型实体零售商的渠道结构选择问题。在考虑产品销售价格、制造商批发价、消费者偏好及渠道间价格弹性系数的基础上，分别从单一传统渠道结构、制造商双渠道结构与零售商双渠道结构出发，运用动态博弈模型对三种渠道结构中的集中决策与分散决策进行分析，讨论三种渠道结构中实体零售的需求、价格和利润变化。

第八章为线上线下双渠道实体零售的定价策略研究。构建双渠道实体零售利润、价格和需求函数，运用博弈论、算例与敏感度分析方法，对双渠道实体零售同价策略与异价策略下各均衡值进行比较分析。

第九章为制度因素对流通功能的影响效应。联系中国流通业发展和流通创新现实背景，构建相关理论假说，运用《中国市场化指数报告》中相关数据对产品和法律环境、市场中介组织等制度变量进行量化处理，从产品市场发育和法律制度环境视角出发，运用中国省级面板数据，实证研究制度在流通功能对制造业效率外溢效应的影响。结合中国流通创新的现实状况，从流通制度、组织与技术创新角度出发，分析制约流通功能发挥的因素，为提升流通功能和发展流通业提供政策依据。

第十章为结论与相关政策启示。根据流通功能拓展机制、流通创新与价值链互动发展的机理，结合实证分析结果，从加快流通制度创新、组织创新、技术创新及其在农村市场扩散四个方面出发，提出促进流通功能发挥及其效应的政策启示。

第三节　本书的创新和不足

一、本书的主要创新之处

第一，阐明流通创新促进制造业企业和顾客价值链创新的机理，尝试将流通功能拓展、生产者服务与价值链创新理论紧密结合，并从制造业全要素生产率和居民消费的视角，建立评价流通功能外溢效应的实证框架。

第二，运用省级社会商品零售额面板数据对贝克曼（Beckman）的中心地规模模型进行修正，重新定义中心地等级系数，研究我国中心地体系中流通规模等级结构特征，以此为流通创新和流通业空间优化奠定理论依据，结合问卷调查数据，实证分析中国城市商圈阻抗和扩张因素。

第三，从产品市场发育和法律制度环境视角出发，构建相关理论假说，运用中国省级面板数据，实证研究制度在流通创新对制造业效率外溢效应的影响，并基于全文理论与实证分析结果，提出创新发展现代流通业的对策。

二、本书存在的不足

第一，本书主要研究流通创新对制造业企业和顾客价值链创新的积极作用，关于制造业企业和顾客价值链升级对流通创新作用的研究略显不足。在相应的经验分析上，本书分别选取制造业全要素生产率和居民消费率衡量企业价值链和顾客价值链的创新绩效，但未深入估计流通创新对具体价值链升级途径的影响程度，在衡量价值链创新绩效指标方面也未能建立一个统一框架。

第二，由于数据可得性的限制，对我国与世界其他国家的流通功能效应缺乏比较，对不同国家之间流通功能效应差异的根源也缺乏深入研究。

第三，本书在零售商主导的条件下，研究双渠道主导型实体零售的定价策略，在构建模型时考虑了价格、弹性系数、渠道间价格差异转移系数、线下销售成本的影响。为简化模型，本书并没有考虑品牌、促销和线上网络渠道销售成本等因素。但在实践中，商品品牌、促销手段等都会影响消费者决策，网络渠道成本也会影响零售商引入网络渠道的时机及市场规模。后续研究应综合考虑消费者决策的多个影响因素，将网络渠道成本引入研究模型，进行更加深入的探讨。

第二章

文献综述

近年来，流通业作用和基础性地位的提升大大激发学术界相关研究，特别是流通业功能扩展及其效应逐渐成为理论和实证研究的重点。本章拟对国内外流通创新和价值链理论进行梳理，归纳总结流通创新基础上流通服务功能演进发展规律，分析流通功能与企业价值链和顾客价值链相互作用的研究成果，以构建本书的理论框架。

第一节　国内外关于流通创新的研究综述

流通创新指流通活动主体凭借先进管理方式的变革和信息技术手段的应用，对产品价值链活动重新予以组织、重组和再造，从而实现流通效率增长（宋则、荆林波，2004），学术界对流通创新的研究主要集中在流通组织创新、流通制度创新和流通技术创新三个方面。

一、流通业的定义和内涵

学术界对流通业界定的概念和标准尚不统一，比较具有代表性的界定如下。林文益（1995）指出，流通业主要包含商业、物质贸易业、仓储业等。一些学者使用流通业或流通服务业名称来取代流通业，如夏春玉（2009）定义流通产业是专门以商品流通为经营活动内容的营利性事业。本书认为流通业有广义和狭义之分，广义的流通业指从事商品和劳务交换的社会部门，包括批发业、零售业、餐饮业、住宿业、美容美发业，涵盖生产性服务领域和生活性服务领域。狭义的流通业指专门从事商品流通活动的产业，包括零售业、批发业以及为商品流通提供专业化服务的辅助部门（物流业、仓储业等）。本书主要研究狭义范畴的流通业。

对于流通业是属于生产者服务还是消费者（生活性）服务业，理论界存在分歧。一些学者认为批发、零售业是有别于生产者服务的分销服务（Goe，1994；Hark，1999）。而里德尔（Riddle，1986）、格鲁伯和沃克（Grubel and Walke，1989）等认为零售、批发等流通服务是生产者服务的重要组成部分。在我国，对流通服务是否属于生产者服务的争议来源于流通产业是否创造价值。黄国雄（2005）认为流通产业既实现物质产品的价值，也实现自身创造的价值。一些学者通过投入—产出法研究我国生产者服务业的构成，发现流通业是生产者服务业的重要组成部分（程大中，2008；李善同、高传胜，2008）。随着流通业对国民经济发展作用的提升，一些学者认为流通业是国民经济的先导性行业（刘国光，1999），要从战略产业的高度认识流通对我国经济发展和经济安全的重要性（纪宝成、李陈华，2012）。

本书认为，随着流通创新的深化和广化，流通业服务功能得到很大程度的扩展。流通业所服务的内容远远超过媒介商品交换和服务人民生活的范畴，流通服务在产品增值中的作用也越来越大，因此流通业具有生产者服务和生活性服务的双重内涵。

二、关于流通组织创新的研究

流通的本质功能就是组织功能，流通组织创新是对商品流通环节、方式和手段进行改造或重新塑造的过程（徐从才，2008）。组织创新是流通创新的核心，既是对流通既有功能的拓展，又是维持市场经济正常运行的基本保障（刘向东、张小军、石明明，2009；周长富、张二震；2011）。在组织形式变动上，一些学者认为流通组织创新是以企业规模边界变动来研究流通组织创新（李陈华、文启湘，2004），强调流通企业的主要经济功能在于降低交易成本、提高交易效率。流通组织创新方式主要包括单店扩张、一体化扩张和分店扩张等方式（李陈华，2009）。一些学者从产业组织优化角度研究流通组织创新，主要探讨如何扩大流通业规模经济效应和形成有效竞争格局促进流通业发展（晏维龙，2004；金永生，2004）。流通组织创新的形式有组建大型流通企业集团（晏维龙，2002），发展综合商社（郭冬乐，2004），建立专业合作社（任国元、葛永元，2008；张闯、夏春玉、梁守砚，2009；柳思维，2011）和实施"农超对接"（任兴洲，2012；熊会兵、肖文韬，2011；施晟、卫龙宝，2012）。由于流通组织创新形式的多样化，还有些学者把前面两种研究视角结合，并扩展到流通业与其他产业的融合创新（周振华，2003；郭冬乐，2004；徐从才、盛朝迅，2012）。在政策主张上，学者们普遍认为，产业组织创新政策有助于优化流通产业内部的资源配置并提升企业间专业协作（文启湘，赵玻，2003；李海舰，2003；何大安，2012）。

三、关于流通制度创新的研究

在流通制度创新研究方面，宋则、荆林波（2004）提出，流通制度创新主要是强化市场和价格机制资源配置的基础作用，同时以经济杠杆和法律法规等政府调控手段克服市场失灵，主要包括流通企业制度创新和流通管理制度创新。一些学者认为流通体制改革的关键在于微观层面的商业企业制度创新（蔡文浩，2001；任宝平，2012），其目的在于通过加快流通企业的现代企业制度改革，使流通企业真正成为市场运行主体（徐从才、原小能，2008；高铁生，2012），提高经营规模和市场影响能力，培育全国性、跨部门、国际化的大型流通企业集团（吴仪，2003；晏维龙，2002；郭冬乐，2004）。在流通宏观管理制度创新上，学术界普遍认为应通过加快体制改革和法制建设等制度创新来促进流通业的有效竞争（文启湘、赵玻，2003；宋则、常东亮，2010；黄国雄，2011；柳思维，2011；依绍华，2013）。纪宝成（2003）提出，政府流通调控体系的核心原则应当是进行各种主体间利益关系的协调。陈文玲（2012）的研究表明，流通制度创新必须打破内外贸分割、城乡和部门分割的市场格局，应注重国内外市场互动发展。在调控政策工具上，裴长洪、彭磊（2008）提出，流通宏观管理应以市场调节为基础，但也应重视政府调控手段。流通宏观管理的难点在于正确处理政府调控与自由流通的关系，对此，陈甬军（2006）指出，要在自由流通中实现资源配置和市场联系，用宏观调控引导和制约自由流通。徐从才（2000）通过总结改革开放以来流通改革的成功经验，发现流通领域必须坚持宏观调控下的自由流通。

四、关于流通技术创新的研究

流通业运行效率的不断提升需要技术条件的支持，从商业发展史看，运输和通信技术进步极大地推动流通业的发展。而流通技术创新就是用标准化、自动化、信息化手段对流通业交易手段和业务流程进行改造（荆林波，2004；晏维龙，2002），推行电子商务以提高流通效率（李骏阳，2009；祝合良，2011）、节约交易费用（张群群，2010）。一些实证研究结果也表明，信息网络可以降低企业进入市场的固定成本和买卖双方相互搜寻的成本，提高交易的匹配概率，并最终扩大交易量（Rauch，1996；Freund and Weinhold，2002）。计算机和信息技术的应用加快了零售业存货周转，也间接推动连锁店规模的扩张（Holmes，2001）。存货控制、电子扫描、信用卡结算等信息技术的应用使流通业业务流程发生革命性变化（Paul and Vanessa，2001），并大大提升其专业化服务水平和销售额（Daekwan and Roger，2009；寿志刚、苏晨汀、杨志林、周南，2008）。李飞（2010）通过研究现代流通体系与工业化、信息化的相互作用关系，发现流通技术创新应该从企业技术结构体系、组织管理体系和流程体系三个方面提升现代流通业的现代化和专业化水平。国内外学者们的研究共识在于：现代信息、通信技术和电子商务的广泛应用大大推动现代流通业的发展（Doms，Jarmin，2004；Basker，2011）。

五、关于流通创新空间扩散的研究

流通创新的空间扩散关系到资本、劳动等流通要素空间配置的合理性，同时流通创新与城市化、工业化的相互作用，推动现代流通业空间布局优化，使各区域子流通体系间在相互作用中增强各区域间市场联系程度，形成统一、高效的流通体系。在相关研究中，哈夫（Huff，1964）提出著名的哈夫模型，认为消费者选择某个店铺的概率取决于店铺的魅力和地理、心理等方面的阻抗因素，商店服务、形象、购物气氛是吸引顾客来店购物的重要因素。扬和赖斯（Yang and Rice，1994）以及藤田昌久和克鲁格曼（Fujia and Krugman，1995）研究了流通创新与城市化相互作用对消费模式的影响，发现生产、服务、交换在城市的集中可以大大减少流通距离和费用，并促进交易效率的提升。黄雨婷、文雯（2019）使用空间计量模型实证研究流通业发展的空间溢出效应，结果表明，流通业规模、流通业效率和流通业竞争水平的提高对本地经济发展有显著的正向促进作用，但城市流通业的发展存在着分割和竞争，这表明流通业发展并未产生很好的协同效应。

第二节　流通创新与流通业发展

一、流通创新与零售业的发展

零售业是流通业中重要组成部分，是直接面向消费者从事商品与服务交易的商业形式。有关零售业流通创新研究主要集中在零售产业组织创新、零售业态创新和零售技术创新等方面。在零售产业组织创新方面，林周二（2000）认为零售产业组织创新对突破内需、消费革命和生活革新的成功起着非常重要的作用。杜布森（Dobson，1996）认为零售市场集中和零售商对信息网络的巨额投资，使超级市场等零售店铺数量得到飞速增长，从而使零售商获得规模经济利益，并提升交易效率。从产品价值链的角度，波特（1997）提出，零售服务对企业产品价值形成和产品差异化起着非常重要作用。一些学者从产业链纵向结构研究零售产业组织创新产生的生产性服务绩效，结果表明，大型零售商一些产品服务可以产生信号传递和甄别作用，使制造商和零售商之间实现有效的成本分享和风险分担（Chu，1992；Lariviere and Padmanabhan，1997；Bloom，2001；Corsten and Kumar，2005）。

市场集中可能会形成零售商相对于制造商的买方势力，这可能会危害零售市场的竞争结构（Macavoy，1997；Dobson，1998），使零售商降低品牌内竞争并保持垄断价格（Dhar and Stephen，1997），对制造商利润和效率产生负面影响（Shaffer，1991）。买方市场势力使得零售商对上游制造商行使纵向约束，包括收取通道费、排他性销售、采购市场上折扣条件等（Mathewson，1984；Rey and Tirole，1988；Chu，1992；Ferris，2000；谭国富，2004）。虽然买方市场势力的行使可能会损害制造商利益，但对整体社会福利效应影响是不确定的。因德斯特和韦尔（Inderst and Wey，2007）的研究表明，零售商行使买方力量虽然可能会降低制造商利润，但刺激了制造商降低成本、增加投资等活动的动机。

零售商市场势力上升也影响渠道关系的和谐程度，进而影响流通效率。国外文献认为强制性使用渠道权利是渠道冲突的导火索（安妮·科兰，2003），在我国轻工产品流通体系中，供应商渠道权利过弱是渠道冲突频发的内因，制度环境的漏洞和缺陷是轻工产品渠道冲突频发的外因（周殿昆，2008）。很多学者认为，制造商和零售商之间对通道费的争议是目前零售产业健康发展的一个最大挑战（Rey，2005；吴小丁，2004；郎咸平，2006）。特别是在一些日用工业品流通渠道中，制造商和零售商之间在产品通道费收取上存在很大分歧，以至于破坏了渠道成员间旨在通过资源互补以提升消费者价值的合作（Macavoy，1997；Kuksov and Pazgal，2007；Breinlich，Niemann and Solomon，2012）。

在零售业态创新研究方面，零售企业通过业态创新可以极大地提高消费者满意度和产品差异化程度（Hausman and Leibtag，2007；晏维龙，2003），并最终提升产品销售效率和产品质量（Williams，2000；Matsa，2011）。零售业态创新受到外界环境因素的影响（Izraeli，1993），包括人均收入、交通运输、市场发育程度、城市化、国际化水平等方面（李飞，2010；汪旭晖、徐健，2010），影响不同业态发展的关键因素也存在较大差异（夏春玉、杨宜苗，2004）。

二、流通创新与批发业的发展

在批发业流通创新方面，黄国雄（2011）提出，批发业应以资本多元化、经营规模化、交易电子化、服务综合化为创新方向。马龙龙（2005）认为，批发业创新应建立在流通产业供应链整体协调的基础上，而原计划体制下国有批发商业萎缩和非国有批发商规模偏小制约我国批发业的流通创新（宋则、常东亮、丁宁，2010）。

近年来对批发市场流通创新研究较为丰富，在发达国家流通体系中，批发市场在流通体系中具有较强的渠道作用（Larke and Davies，2007），斯普尔伯（2002）分析了批发商在流通渠道中的独特优势，结果表明批发商的存在有利于减少交易中配对和搜寻成本，抑制逆向选择，减轻道德风险和机会主义，并通过放权来促使相关渠道成员守约。罗森布罗姆（Rosenbloom，2007）探讨美国批发业在分销渠道中"再中间化"现象，发现批发仍然是产品营销渠道中重要的分销机构。在一些发展中国家，批发业在提升渠道效率方面发挥了重要的积极作用（Samli and Ansary，2007）。

在我国，一些学者认为大量乡镇、个体和私营企业借助专业市场扩大市场范围和销售渠道（金祥荣，2005；白小虎，2004；史晋川，2005）。陆立军、王祖强（2008）对义乌的小商品专业批发市场的研究表明，批发市场规模扩张中建立的内生报酬递增机制可以形成分工网络效应，并使批发市场孵化新的专业化竞争优势。同时，批发市场也不断进行交易组织的创新，使其由传统的集贸市场不断集聚成为区域商业集群（陆立军、余航东，2011），并通过与区域产业集群的互动发展，形成以产业集群为中心的区域分工协作网络（陆立军、赵永刚，2012；郑勇军、李婷，2009）。专业批发市场也通过组织和制度创新降低内生交易费用（娄朝晖，2011），不断扩大市场范围，流通产业功能拓展是形成强大国内市场效应的重要支撑（依绍华、郑斌斌，2020），以义乌为代表的专业批发市场也积极探索电子商务、物流配送等现代交易技术手段的创新，但区域性批发市场的发展并没有推进全国统一性市场的形成，特别是区域性代理经销商加剧地区间市场分割和流通业的局部垄断（王晓东、张昊，2012；何大安，2012）。

三、流通创新与物流业的发展

物流业是现代流通业重要组成部分，物流业运行效率不仅直接关系流通速度和交易费用，而且对转变国民经济增长方式起到突出作用。近年来，物流业发展振兴得到国家高度重视，2009 年，物流业作为重要的生产性服务业被列入我国十大产业振兴规划，现代物流在商品流通中的地位日益凸显，发展现代物流有利于建设服务高效的流通体系（夏春玉，2009）。在物流组织创新方面，需要整合物流部门内部环节并协调与外部商流、信息流的关系（徐从才，2012），重点发展专业化的第三方物流和建立社会化物流配送中心（文启湘、赵玻，2003）。同时，物流业作为生产性服务业还可以通过组织创新与制造业、零售业实现互动发展，制造业与物流业联动发展的程度取决于物流服务的市场细分和专业化程度（吕政、刘勇、王钦，2006）。现代物流业与先进制造业互动发展的组织创新路径可归纳为“产业关联—共同发展—价值共创”（彭本红、冯良清，2010）。在实证研究方面，汪旭晖、徐健（2010）运用结构模型研究中国物流企业自主创新能力的影响因素，发现企业规模、人力资源质量、学习能力和外资物流业发达程度对物流企业自主创新能力影响最为显著。

在物流制度创新的相关研究方面，夏春玉（2009）认为我国物流政策缺乏专门而系统化的法律类政策，应提高物流政策的系统性与综合调整能力。陈文玲（2012）关于促进物流业发展的宏观经济政策研究表明，发展现代物流业应注重运用税收、金融、财政政策工具创造企业良好的融资环境，支持物流基础设施建设，并切实减少对物流企业的各种不合理收费。

在物流业技术创新方面，学者们普遍认为，信息化与标准化水平是现代物流业的发展的基础，而我国物流业的信息化和标准化水平较为落后，这严重了影响物流业组织创新和运行效率（丁俊发，2010）。市场需求、相对要素价格变化、环境的不确定性、政府的政策支持是影响物流企业技术创新的主要因素（Cachon and Fisher，2000）。

第三节 流通功能拓展与价值链的相互作用

一、流通功能拓展与企业价值链升级的研究

随着分工深化及产业革命和消费革命的兴起，价值链成为学术界研究的

热点理论问题，研究成果也非常丰富。价值链早期是指企业向顾客供给产品或服务的一系列过程，随着消费革命的深入，围绕顾客需求逆向创造产品价值并最终实现价值交付的过程被称为顾客价值链。在价值链创新的具体类型上，格里芬（Gereffi，1999）认为主要包括流程创新、产品升级、功能升级和整链升级四种形式。伴随产品内分工和经济全球化的快速发展，格里芬（Gereffi，2005）系统地提出全球价值链的理论框架，分析了市场、模块型、关系型、领导型和等级制五种全球价值链的治理模式，并对相应的治理效率做了详细的比较。由于技术、品牌和资金的差距，全球价值链中各主体的地位是不均衡的，发展中国家容易被发达国家的大型跨国公司等全球价值链的主导者锁定在价值链的低端环节（Schmitz，2004；刘志彪、张杰，2007）。卡普琳斯基和法克（Kaplinsky and Farooki，2011）的研究进一步表明，随着全球产品需求、生产和创新结构转变，发展中国家产品出口价格和加工水平不断下降，这相当于降低了他们在全球价值链中地位。但对一些发展中国家的国内价值链升级的研究结果显示，发展中国家可通过培育国内市场形成国内价值链，并最终实现功能升级和整链升级（Humphrey and Schmitz，2008）。

随着研究视角的细化，国外学者逐渐关注流通业通过流通功能拓展与企业和顾客价值链的互动发展。在早期研究成果中，格鲁伯和沃克（Walke and Grubel，1989）指出流通业通过组织和技术创新能够为生产者提供更多服务，并提高劳动与资本的生产率。波特（1997）提出销售、物流等商贸服务在企业价值链中对产品价值形成和差异化具有显著作用。在价值链理论系统提出后，格里芬（Gereffi，1999）发现流通商通过买方驱动的价值链创新推动制造商流程再造、产品升级和功能升级。一些实证研究也表明，通过嵌入准层级的全球价值链，流通商的技术、信息和订单的支持有利于制造商的产品和流程升级（Kulp and Lee，2004）。卡普琳斯基和莫里斯（Kaplinsky and Morris，2001）分析了价值链创新的主导者由生产商转向流通商的原因，发现卓越的品牌、产品设计和渠道销售在很多产品价值链中的重要性逐步提升。随着价值增值网络的发展，产品流通渠道成为价值创新网络的重要节点，直接影响面向消费者的价值主张（Peppard and Rylander，2006）。研究商贸服务外包的文献进一步验证：流通组织创新可以使制造商更加关注价值链核心环节（Grossman and Helpman，2005），从而降低固定成本和风险（Chen，2003；Sudhee and Loulou，1998；卢锋，2007），增加组织弹性（Sako，2006），最终提升制造业竞争力（Corsten and Kumar，2005；Helpman and Melitz，2008；Gereffi and Fernandez，2010）。但企业规模和技术能力的提升也增强流通商市场势力，因此政府需要规制流通商滥用市场势力压榨制造商利润的行为（Dobson，1998；Tirole and Rochet，2003；Ellison and Snyder，2010）。

在国内相关研究中，江小涓（2008）通过研究服务全球化的发展趋势，发现分销、物流等流通业中生产性部门的滞后已严重影响我国制造业企业竞争力的提升。刘志彪、张杰（2007）利用长三角地区企业的调研数据研究产业升级的途径，结果显示发展现代流通业应加快融入全球价值链分工体系。夏春玉（2009）通过分析农村流通体制改革，发现立足于农民消费行为的农村流通组织创新将有利于缩短城乡流通体系的二元差距。另外，流通业与制造业价值链互动发展逐渐引起理论界的关注，一些学者认为，发展现代流通业需要加强产业关联和自主创新（李善同，2008；裴长洪、荆林波，2009；何德旭，2009；程大中，2010；夏杰长，2010），并构建与制造业价值链相互嵌入机制（徐从才，2008；江静、刘志彪，2007）。刘明宇、芮明杰（2012）构建了一个价值网络分工模型，发现价值链系统集成商有利于价值链重组以推动分工深化，并通过资源和能力积累形成自主发展型价值网络。徐从才（2012）运用大型零售企业的典型案例分析流通业与制造业互动发展的创新绩效，发现流通业的组织创新有利于加强产品价值链中薄弱环节，并在产品质量、流通成本、供应链反应速度等绩效标准上实现报酬递增。赵霞（2012）实证研究结果表明，现代流通业主要通过降低交易成本来提升制造业价值链效率。纪宝成、谢莉娟（2018）运用马克思流通理论研究新时代商品流通渠道的组织运行，研究结果表明，新时代流通渠道结构变革促进商业资本职能的发挥和线上线下分工。杜丹清、占智康（2018）指出，在互联网信息技术支持下，流通功能向综合服务拓展，包括传递产销信息、承担物流配送、提供资金担保、个性化设计和送交制造商定制。流通业通过功能拓展可以实现零库存，但流通功能的发挥需以“分工 + 协调”为基础。王晓东、陈梁、武子歆（2020）从需求反馈信息、供应链逆向整合、提升供应链效率的视角阐释流通业对制造业的作用机理，并实证检验流通业联动生产、发挥先导性作用机制。汪旭晖、陈佳琪（2021）运用福田雷沃国际重工、郑州煤矿机械集团的企业案例，研究流通业对制造业转型升级的作用机制，结果表明，制造业流通化和流通业布局优化可以有效促进制造业价值链升级，并与消费结构和品质升级具有相互强化作用。

二、流通功能拓展与顾客价值链互动的研究

流通业也通过流通功能拓展不断适应顾客价值链的发展需要，从而产生显著的服务绩效。麦克奈尔（Mcnair，1958）提出的“零售轮”理论认为连锁商店、超市等业态组织均以“低成本、低价格”的竞争优势赢得消费者支持。艾瑞里（Izraeli，1993）认为流通组织也可以通过“高服务、高价格”组合来满足高收入消费者偏好。城市商业组织的集聚可以缩短消费者购物时间，服务和交换的集中将减少地理和心理上阻抗消费者的因素（Yang and Rice，1994；Krugman and Fujita，1999）。此外，流通商还通过信息技术和支付工具创新不断提升店铺形象和购物便利性，最终提升消费者满意度（Theodoridis and Chatzipanagiotou，2009）。斯普尔伯（2002）通过分析商品流通中介组织的信息结构，发现商业信誉和契约等制度创新保证了流通商传递信息的准确性，这将有效减少消费者在购买产品中的逆向选择。在国内，宋则、王雪峰（2010）的研究表明，流通组织和技术创新有利于降低交易成本并构建高效的商贸流通体系，从而促进需求结构转型和扩大居民消费。文启湘、梁爽（2010）运用DEA方法验证流通业发展与消费增长的相互关系，但消费促进流通业发展的作用弱于流通业促进消费的效应。李骏阳、包鋆伟、夏禹铖（2011）的实证研究表明，农村流通组织化程度提升对农村居民消费起到显著促进作用。吴小丁等（2016）认为，顾客的认知信任和情绪信任作为顾客价值的重要组成部分，会刺激零售商通过店铺环境和氛围的创新来让顾客惠顾得到延续。谢莉娟、庄逸群（2019）运用马克思流通理论和典型案例分析数字背景下的零售创新机制，发现零售商通过互联网、大数据技术识别顾客个性化需求，实现数字化推动供需匹配。汪旭晖等（2019）提出，全渠道零售应通过线上线下的融合协同来改善顾客的购物体验。

第四节 “互联网+”背景下流通业发展研究

一、实体零售线上线下渠道结构选择研究

在国内外针对实体零售线上线下双渠道结构文献中，大部分根据开展网络渠道的主体差异，将双渠道结构分为制造商两层双渠道结构和零售商双渠道结构。在制造商两层双渠道结构研究中，制造商网络渠道对零售商产生的影响成为众多研究关注的热点。一部分学者认为，制造商开展网络渠道会对零售商产生负向影响。张涛（2011）认为制造商开展网络渠道总是会造成零售商收益的减少。王志宏、张小翠（2011）认为在需求与渠道偏好相关下，制造商网络渠道会降低零售商利润。然而更多文献研究表明，制造商拓展网络渠道可以实现与零售商的共赢。库姆（Kuamar，2006）和帕克（Park，2003）将两层双渠道结构与单一传统渠道结构下各均衡值进行对比分析发现，制造商开展网络渠道不仅会使其自身利润增加，并且有利于实体零售利润的增加。卡塔尼（Cattani，2005）研究表明，制造商在开展网络渠道时需要降低批发价格，以此来减少零售商对制造商网络渠道的抵制作用。制造商通过制定合理的批发价格与网络销售价格来增加零售商与自己各自的利润（Tasy，2010）。但斌、曲祯经等（2016）构建制造商两层双渠道结构模型，发现两层双渠道结构下零售商价格优势减少。随着消费者对网络渠道偏好的提高，制造商开展双渠道会促进制造商利润，实体零售商的利润也会增加。曹宗宏、赵菊等（2015）研究发现，在两层双渠道结构中，当网络销售单位成本较低时，制造商与零售商的利润均会增加，二者会实现共赢。范小军、刘艳（2016）认为，制造商开展网络渠道可以削弱零售商在流通渠道中的主导地位，但制造商与零售商的利润可随着服务质量的提高而增加。

在零售双渠道结构的相关研究中，大部分学者认为传统零售商开展网络渠道对其自身是有利的。莱和萨弗里（Lal and Sarvary，1999）使用博弈模型对实体零售传统线下渠道和网络零售渠道的竞争进行分析，发现网络渠道

能够弱化价格竞争和简化消费者的产品搜索过程。然而新的网络零售商会因已有的传统零售商的品牌效应、声誉影响而在竞争中处于劣势。电子商务零售商不断涌现，拓展双渠道已成为实体零售适应消费者需求变化的重要选择（Lee and Tan，2004）。增加网络渠道不仅能够增加消费者剩余，而且有利于实体零售长期发展（Bernstein，2008）。凯（Cai，2010）把双渠道与单一渠道进行对比研究，结果发现，发展网络销售渠道能够增加实体零售传统渠道的销售额，实体零售渠道结构选择取决于渠道的需求、成本与渠道间的替代比。同时，实体零售可通过渠道环境的改善来吸引消费者（Agh et al.，2012）。王国顺、杨晨（2014）从消费者信任的视角，研究发现实体零售可通过高质量的产品和服务、安全的线上支付环境及退换货承诺赢得消费者对其线上网络渠道的信任，促进消费者从其传统线下零售渠道向线上网络零售渠道的转移，从而推动实体零售线上和线下渠道的协同发展，但线下传统渠道与线上网络渠道的价格差异会影响消费者的渠道选择。

二、双渠道实体零售定价策略的研究

随着“互联网+流通”的深入发展，实体零售也逐渐引入线上网络销售渠道，线上和线下的双渠道也得到较快发展。欧内斯特（Ernst，2011）通过调查发现，在美国，27%的实体零售商均采用双渠道结构进行销售，传统实体零售商开展网络销售渠道并不会对其传统渠道的销售数量产生显著的负面作用（Biyalogorsky，2003）。在我国，为拓宽利润来源并应对网络零售的冲击，一些在流通中占主导地位的大型实体零售商，如苏宁、国美等纷纷设立网络渠道以拓展产品销售新领域，通过网上渠道的产品和服务满足消费者对购物、娱乐和社交的综合体验需求（李飞，2013）。在此背景下，一些实体零售便拥有线下传统渠道和线上网络销售渠道，线上线下的双渠道也使实体零售能够有效整合优势资源，实现线上线下协同发展。定价是零售商非常重要的市场行为，对双渠道实体零售而言，线上网络渠道和线下传统渠道销售的商品是采取同价策略还是异价策略，不同定价策略又对双渠道实体零售经营绩效产生怎样的影响？对这些重大理论与现实问题的研究，将有利于拓展现代商贸流通理论。

相关研究显示，线下渠道服务水平、线上渠道的退货因素及消费者损失厌恶对双渠道制造商的定价策略产生显著影响（Chiang et al.，2003；段永瑞、代祥艳，2017）。关于实体零售定价策略的研究表明，网络零售业的发展有利于降低总体价格水平（张赞、凌超，2011），提高产品销量（范小军、刘虎沉，2015），零售商应当根据不同渠道特性、市场结构、产品特点采取相应的定价策略（汪旭晖、李燕艳，2010）。李敬泉、满秀芳（2015）研究表明，双渠道零售商采取集中式决策定价策略是最优定价策略。一些学者认为双渠道实体零售对其线上网络渠道和线下传统渠道销售的产品应该采取同价策略。因为，如果对同样的商品在线下传统渠道与线上网络渠道采取不同销售价格，会影响消费者的购物体验和价值感知，从而降低实体零售的利润（Campbell，1999）。网络渠道价格与传统渠道价格的差异也会推动消费者转向价格偏低的销售渠道，而实施同价策略可以减少双渠道实体零售线上和线下销售渠道之间的冲突（Tang and Xing，2001）。

也有一些研究则支持异价策略。申成然、熊中楷、晏伟（2014）研究表明，当消费者对线上网络渠道的偏好程度较低时，同价策略会降低双渠道实体零售的利润。陈云、王浣尘等（2008）认为双渠道零售商根据不同渠道特性采用差别定价会得到相较于同价策略更多的利润，零售商应针对不同销售渠道的具体情况制定不同的价格策略（仲凯旋，2015），网上购物成本高的商品其线上价格要低于线下传统渠道，而网上购物成本低的商品应采取同价策略（盛天翔、刘春林，2011）。另外，双渠道实体零售通过线上网络和线下传统渠道，扩大了产品对消费者的接触范围，这有利于消费者更好地了解产品的用途、功能等方面信息，从而实现促销目的（Zettelmeyer，2000）。对于同样的商品，如果消费者从线下传统渠道感知的顾客价值更大，消费者则愿意为其付出更高的价格（Kacen et al.，2013）。当同一种商品网络渠道与传统渠道价格之间存在差异时，线上网络渠道的产品销售价格应当低于线下传统渠道的销售价格，这将有助于零售商利润的提升（Jensen et al.，2003）。而拥有市场势力的多渠道零售商可以使用异价策略来进一步细分市场，从而获得更高的利润（Wolk and Ebling，2010）。

第五节　国内外相关研究的述评

国内外研究表明，组织、技术和制度层面的流通创新极大地推动了现代流通业的发展。在我国流通创新研究中，对零售、批发等流通组织的研究较为丰富，但未区分具体流通组织创新提升商贸服务绩效的规律，对运用流通创新发展现代流通业有待在理论上阐明和系统化，其绩效在实证上也有待定量检验。另外，现有从生产者服务角度讨论现代流通业发展路径、空间布局及运行机理方面的研究还较有待深入。国内大多数学者主要从组织、技术和制度三个层面研究流通创新和流通业发展，一些学者从服务业与制造业价值链互动发展的视角进行了非常重要的探索，但这些研究忽视了流通创新与企业和顾客价值链的相互作用，只有少数学者对流通创新与价值链的作用机理做了相应的研究。

近年来，一些学者使用定量分析方法，通过建立相关的数学模型来研究零售商渠道策略。帕克和凯（Park and Keh，2003）基于线性需求函数，构建零售商决策模型，对零售商的最优渠道决策进行分析。陈云等（2006）采用两阶段博弈模型，对网络零售商与传统实体零售商的价格竞争进行研究，并得到了网络零售商和传统零售商的最优定价和均衡利润。晏妮娜等（2007）通过构建以制造商为主导的斯塔克伯格模型对单一传统渠道与零售双渠道下的零售渠道结构决策进行分析研究。通过相关文献可以看出，大部分学者认为零售双渠道结构有利于实体零售的发展，但对主导型实体零售开展线上线下双渠道的具体影响的研究还有待深入。

已有的研究表明，目前学术界对于双渠道实体零售的定价策略的结论并不统一。一些研究认为同价策略会减少线下传统渠道和线上网络渠道之间的冲突，而一些研究则认为异价策略会使双渠道实体零售得到更多的利润。在研究方法上，国内外学者通过构建消费者效用函数或线性需求函数对双渠道实体零售决策进行研究。但大多数研究以制造商为渠道结构的主导者，对零售商主导的双渠道结构的定价策略还有待深入。

综上所述，通过流通创新与企业价值链和顾客价值链的互动发展，流通业在服务绩效上不仅扩大居民消费，而且显著提升制造业竞争力。发展现代流通业是一个系统工程，流通各投入要素不仅应确定科学比例，而且需要消除阻碍要素流动的因素，借助现代信息技术创新流通方式。考虑到中国目前经济发展和流通创新的现状，发展现代流通业需要与工业化、城市化、信息化互动发展，通过制度、组织和技术方面流通创新提升现代流通业的专业化水平和规模经济，实现由传统的流通中介向专业化的价值链系统集成商转变，并在此基础上降低交易费用，提高流通效率，推动流程、产品、功能和整链的价值链创新。

第三章

流通创新与企业价值链互动发展的机理

本章研究零售商双边交易平台、供应链战略联盟和批发市场转型三种流通组织创新形式与企业价值链互动发展的机理，区分区域和产品市场，比较和计算流通创新基础上商贸服务对制造业竞争力贡献度，以物流业为例，利用世界银行物流绩效指数进行国内与国际商贸服务绩效横向比较。分析我国流通企业“走出去”的方式、区位和经营绩效，研究我国自主分销体系提升制造业在全球价值链位置的机理和作用。

第一节　零售商双边交易平台与价值链创新

在流通创新的背景下，大型零售企业组织规模得到快速发展，不仅拥有遍布城乡的连锁经营网络，而且大量采用信息技术、电子商务和新型物流配送体系，这使其生产者和消费者服务功能和效率得都得到极大提升。在追求卓越服务绩效的前提下，零售商通过流通组织和技术创新构建了高效的双边市场交易平台（David，2003）。一方面通过品牌、店址、产品、服务、卖场氛围吸引消费者进场。另一方面，通过向生产者提供产品和服务，让众多消费者了解生产商的产品，并通过科学的促销策略刺激消费者购买，提高销售效率。零售商双边交易平台促使众多消费者与广泛的生产商在平台上接触，从而减少消费与生产中的信息不对称。这就使零售商构建的双边交易平台与企业价值链和顾客价值链互动发展，取得良好的价值链创新绩效，零售商双边交易平台也就担当价值链系统集成商的角色。具体互动发展的机理主要体现在以下几个方面。

一、产品和服务互补性提升供应链效率

零售商作为平台企业提供的专业化服务具有相互依赖和互补性，在双边交易平台上相互作用可以产生直接和间接网络效应。一方面，如果零售商能够吸引更多的消费者进场，向更多消费者展示制造商的产品和传递产品品质信息，则制造商对零售商服务价值的评价也就更高。另一方面，在消费者这一边，如果零售商为消费者吸引更多的产品进场，向消费者展示更多的产品差异化，传递更多的产品功能和品质的信息，使消费者在同类产品的相互比较中提升产品使用和消费知识，则消费者会给予零售商服务更高的评价，进场的产品规模越大则给消费者带来越大的间接网络效应，这使零售商作为平台企业在消费者市场传递给消费者更多的顾客价值。产品服务和消费者服务之间的依赖性和互补性越强，消费者和生产商之间的网络效应也就越强，创造的产品服务附加价值和顾客价值也就越大，双边市场平台的规模经济效应也就越强，供应链运行效率也越高。

二、双边交易平台的市场制造功能

在零售商构造的双边交易平台上，不同消费者对于商品的不同偏好与差异化的产品属性得以接触，交易双方得以匹配的概率得到提升（石奇、岳中刚，2008）。在没有双边交易平台的条件下，消费者为寻找符合自身偏好的商品可能会花费很多搜寻成本。另外，鉴于消费者对于产品品质信息的劣势地位，消费者即使找到这样的产品也可能因担心品质和售后服务的问题而产生额外的交易成本，购物过程中存在的搜寻成本和交易成本降低了消费者购物欲望。面对需求广泛差异的消费者，制造商不可能实现针对每一项消费者需求生产产品，而通过自身销售渠道和人员向消费者传递产品属性的信息成效较弱，找到符合自身产品属性的消费者的搜寻成本比较高昂。现实中制造

商和消费者出于搜寻成本和交易成本的因素，降低了相互间交易匹配的概率，交易难以完成，造成大量市场失败。

零售商作为平台企业，将制造商的产品在这个平台上展示给广大消费者，而且现代零售企业的选址大都在交通便利的位置，平台企业拥有比较知名的品牌，并对制造商的产品实行广泛的宣传，向消费者传递产品属性信息，提供全面的售后服务，在产品销售结束以后针对产品出现的问题还有相应的退货、索赔等服务补救措施，这大大减少了消费者购物的搜寻成本和交易成本。对于制造商而言，向平台企业支付一定的进场费用远低于自身搜寻消费者、传递产品信息、提供促销和售后服务的费用，同样也减少了产品市场开发的搜寻和交易成本。制造商还可以根据平台企业提供的产品需求信息和订单进行大规模定制化生产和敏捷制造，这将扩大企业原有的市场规模，形成更加深远的市场创造效应。零售商通过构建双边市场的演示平台，并通过高效的生产者服务与消费者服务，减少制造商和消费者的搜寻成本和交易成本，创造市场需求并提升交易效率。

三、协调需求和价值链创新活动

在现实的单边市场中，消费者对于产品的需求与制造商的产品品质与功能可能不一致。出于产品品质、设计、工艺及成本的考虑，厂商可能对产品某一方面的功能或品质过于强调，与消费者实际对产品包装、品质、价格等具体需求可能存在偏差。若这种偏差过大，交易便不能发生；偏差控制在消费者接受的范围内，交易才有发生的可能。零售商作为双边市场的交易平台，发挥协调消费者和制造商需求的功能。一方面吸引尽可能多的制造商进场，向消费者展示不同产品的价格、品质、功能，使消费者在比较产品品质、包装、价格的营商组合后，调整自身需求，以做出最优的消费决策。另一方面，通过吸引众多消费者进场购物，消费者购买数量和具体促销服务人员中的信息交流会形成对制造商产品品质、价格等因素的信息反馈。在顾客经济时代，制造商必然会在零售商（平台企业）的引导下调整生产计划，改良产品品质和工艺，也是对消费者需求做出反应，使产品品质、包装、价格等营商策略组合与消费需求尽可能协调一致。这就使得零售商交易平台充当价值链系统集成商的角色，将制造商的价值链创新与顾客价值交付紧密联系起来，并通过平台交易规则的确定协调价值链各个环节活动，最终实现制造商、顾客和零售商的价值最大化。

四、业态互补性增强价值链创新绩效

双边平台企业可以通过流通要素的不同组合适应消费者不同偏好和收入水平的需求，从而提升顾客价值链创新的绩效。大型零售企业还针对不同区域的人口、交通和竞争状况设置适宜的经营业态，如苏果超市有限公司对大型购物广场、标准超市、便利店、社区店等零售业态的科学选址。不同业态间存在时间、服务、产品等经营要素的互补性，这会增强零售企业的综合服务功能。同时，在特定区域，各种零售业态聚集在一起，又会形成一定商业集聚效应，提升现代流通业的综合服务功能。零售业态综合服务功能在城市综合商业街中表现得比较明显，在北京西单、王府井和上海南京路等国内著名商业街，大型购物中心、百货店、专业店、便利超市按照一定比例设置，各业态之间经营商品档次和品种各有侧重，具有较强互补性，对消费者产生极强吸引力，成为城市商业集聚的区域，同时也是日用工业消费品的重要销售场所。

零售商构建的双边交易平台，以多样化的零售业态适应顾客经济时代营销方式变革要求，通过细分消费需求，不同零售业态可以采取灵活的经营方式服务不同目标市场，把不同产品的流通特点和顾客需求结合起来，营销方式也不断得到创新，从而提供给顾客在购物时间、地点、产品品种、服务和价格上的多样化选择。如新近出台的零售业态分类中，超市被划分为四种类型：综合超市、大型超市、社区超市、便利超市。便利超市在商务区、城市中心繁华地段设置，营业时间长，经营食品、饮料和服务产品，很多便利超市还通过代售手机充值卡、电影票等形式提供给居民更多的方便。社区超市一般设置在居民小区的出入口或主要通道上，以日用百货工业消费品为主，经营辐射半径为0.5千米。大型超市销售的产品品类和品种齐全，满足消费者一次性购物的需求，经营辐射半径在2千米以上，并通过与厂家建立供应链同盟，由制造商与零售商一起进行工业品联合促销活动。特别是在一些新产品上，联合促销可以取得良好的营销业绩，因为制造商在介绍产品属性和展示新产品功能上具有优势。

第二节　批发组织创新与价值链互动发展

一、批发企业服务创新与价值链互动发展

现代信息技术在流通领域的广泛采用，客观上要求联系生产与零售的批发环节适应信息化条件下流通方式变革，提供专业化、高附加值的批发服务。从价值链分工角度看，批发环节存在及其发展本质上依赖于批发环节产生的专业化收益与交易费用的比较。批发商的专业化服务只有在增加产品附加价值或降低交易费用时才能得到生产商和零售商的认可，否则生产企业将自建批发系统，零售企业会绕过批发环节直接采购产品，将批发功能内部化，这都会导致批发业的萎缩。信息技术条件下批发服务创新与价值链互动发展主要表现在以下几个方面。

（一）批发企业物流服务创新

传统批发企业提供的集散、转售、仓储等产品服务可以向一体化、集成化综合物流服务转变，并对流通中工业产品进行一些加工、分拣，形成价值链批发环节的核心能力，并以卓越的配送效率、低廉的成本取得服务供给上的比较优势和竞争优势，从而降低产品供应链中的交易费用。批发商物流服务除了包含以往的运输与配送、储存、装卸、搬运、包装、流通加工等基本功能外，还包括库存管理与产品需求预测。批发企业还依靠巨额信息化投入增强生产者服务质量，通过电子商务等现代交易技术构筑信息集成平台，对需求和库存信息进行收集、分类和分析，并借助链接的公司间网络和支付型电子商务完成产品的订货、发货、结算，极大地简化产品流通交易程序，并提高流通速度和效率。

另外，现代批发商提供一体化、集成化综合物流服务，需要构建适应工业品流通特点的一体化物流运作网络。这样的物流运作体系在空间布局上要

科学合理，通过分布在各大城市、区域物流中心和交通枢纽地区的大型仓储和运输设施的有机结合，并借助现代信息技术和科学的供应链管理手段实现物流过程的高效运作。建立高效的物流运作网络一方面依赖批发企业原有的分销体系和流通基础设施建设，另一方面则依靠其与专业化物流企业的合作和协同创新，借助第三方物流乃至第四方物流企业的资源。从产品价值链角度，这是一种产品内分工深化的结果，物流和批发、促销是产品价值增值的重要环节，大型批发企业通过物流服务的承接、分包和集成，可以最大限度地利用物流资源，节约流通费用，使物流真正成为第三方利润源。

比如在我国生产资料流通体系中，浙江物产集团一直重视现代物流服务创新，并以此作为集团业务的重要支撑点。公司投入巨额资本重点培育现代物流基地。针对钢材、煤炭等生产资料流通特点，结合公司物流和分销服务网络布局，浙江物产在浙江省内杭州、宁波、嘉兴、金华、台州等构建五大综合物流基地，积极整合社会化第三方物流资源，建立与完善相应物流节点，形成集团企业较为完善的物流网络体系，提升集团整体的分销和配送能力，通过集团商流、物流、信息流的高效整合，成为现代化的生产资料物流综合服务集成商。① 在国外，日本大型批发商业的代表综合商社也非常注重构造一体化的物流体系，对物流资源进行重新组合和配置，构建多层次（全国性、市级、县级）物流体系，形成一级进口基地、二级批发网、三级批发网，综合商社为拓展物流扩散和辐射能力，还将自己的物流体系与零售商、物流商进行有效对接，以进一步整合零售商的商流、物流等服务网络。②

（二）零售支持型服务创新

在日用工业品领域，通过营销观念和交易方式的创新，现代批发企业可以强化传统的零售支持型服务。根据零售商所处的位置及商圈服务的顾客群，现代批发企业以客户需求为中心，适应品种多、小批量、多频次的进货需求，敏锐地把握市场需求变化，科学组织货源，适应生产趋势和消费趋势的变化。

---

① 浙江物产集团公司网站. http://www.zjmi.com.cn/index.php? id=131.

② 郭冬乐. 内外贸一体化国外流通组织形式的实证分析与启示［J］. 广东商学院学报，2004（5）：14-20.

同时，批发商作为联系生产与零售的中介，可以利用集散商品的信息优势向零售商传递有关制造商的新产品信息，减少由信息不对称导致的交易费用，并为零售商选择和购进商品提供指导和咨询。批发商还可以帮助零售商进行店铺设计和商品陈列，这些支持型服务有效化解商品价格下降、滞销等经营风险。对中小型零售商而言，由于资本规模小，相关库存调整、产品展示、促销方面能力也比较弱，批发商提供的支持型服务极大强化中小零售企业在这些价值链薄弱环节的能力。

（三）批发商金融服务创新

另外，批发商一个非常重要的生产者服务创新来自商业信用的使用，不仅向制造商，也向零售商提供金融服务。批发商向制造商提供预付货款服务，而向零售商提供赊销和分期付款服务。由于资产、品牌上的缺陷，中小企业难以得到银行信用支持，而批发商提供的商业信用有利于解决中小型制造商、零售商融资难的问题，并使这些企业将稀缺的资金集中在价值链核心环节，强化其价值链创新和升级的能力。批发商提供的商业信用使商品流通和货币流通相分离，克服上下游企业资金不足，减少了企业为正常运营所需的预防性资金储备，也更有效地提升有限资本的边际收益产品，从而降低企业财务成本。对生产商而言，批发商预付货款可以使生产商提前购进原材料和中间产品，为下一阶段生产提前做好准备，有利于工业品生产效率提升和供给。对于零售商而言，批发商向其赊销商品有助于增加零售商存货投资，批发商的赊销货款及账期延长还帮助连锁经营的零售商减少资金链运营成本，零售商利用批发商资金可以进行连锁经营的快速扩张，但对商业信用的过度依赖可能会放大零售商资金链断裂的风险。

批发商商业信用还有助于克服商品销售过程中信息不对称，批发商向零售商提供赊销商品服务，是对所销售产品质量的一种担保，这将向零售商传递产品质量优良的信号。如果产品质量出现问题，零售商可以拒付货款。商业信用对产品质量的担保机制也约束批发商在购进商品时需要进行仔细甄别，从而提升流通体系中的产品质量水平，也不断推动价值链工艺、流程和产品升级。

最后，批发商的商业信用也刺激零售商在产品销售上付出更多努力。

特别是对于一些滞销工业品，零售商为提高资金周转速度，不愿购进这些产品，而批发商可以通过商业信用上的优惠刺激零售商促销，这将提高工业品流通效率。对于紧俏产品，批发商可以向生产商预付货款，提高工业品供给数量，使市场需求趋于平衡，从而也保证市场规模和产品价格的稳定，为制造企业价值链创新构建了良好的市场环境。商业信用还可密切产品价值链不同环节企业之间的关系，为构建紧密的价值链集成创新组织结构奠定基础。

二、专业批发市场功能拓展与价值链创新

（一）批发市场促进中小企业工艺、流程、产品升级

中小制造企业，特别是那些技术复杂程度低而产品差异化程度较小的工业品生产企业，建立自身销售网络或进行广告、营销等市场开发费用较为高昂，这在企业起步发展阶段会制约其在研发和生产上投资。但中小企业可以借助市场分工来代替企业内部分工机制，将销售服务外包给专业市场，将有限资金投入自身价值链核心环节，进行工艺、流程和产品升级。专业批发市场也适应众多中小企业产品销售需求，通过市场与中小企业构建长期稳定合作关系，减少众多中小企业在寻找交易对象、谈判和履约上交易费用。从价值链互动发展角度，专业市场也与我国工业化发展特定阶段相适应，使日用小商品大规模生产与大规模销售有效衔接起来，节约中小企业销售渠道中交易费用。

（二）批发市场推动地方产业集群发展

很多专业市场的成长与壮大得益于与当地产业集群在价值链相关环节上实现互动发展，如表 3－1 所示，通过“贸工联动”战略，充分发挥流通对生产的促进、引导、组织与控制作用。从原材料供应上看，各种生产所需原材料和中间产品通过专业市场向产业集群供应，可减少原材料、中间产品信息搜寻成本。同时，专业市场又通过共享式交易网络降低产业集群销售成本，为集群生存与发展提供市场支持。

表3－1　　中国著名专业市场与地方产业集群的互动发展

专业市场	地方产业集群	产品类别	所在区域
中国小商品城	永康五金产品、东阳服装纺织品、黄岩塑料制品	服装纺织品、五金产品、眼镜、玩具等	浙江义乌
常熟招商城	常熟纺织业产业集群	服装纺织品	江苏常熟
中国中药材交易中心	亳州药业生产基地与公司	白芍、滁菊、贡菊中药材	安徽亳州
濮院羊毛衫市场	濮院毛衫产业集群	针织服装	浙江桐乡
中国塑料城	余姚塑料产业集群	塑料制品	浙江余姚

资料来源：根据中国小商品城等相关网站资料整理。

专业市场与集群互动发展可以利用斯密定理与杨格定理来解释。分工取决于市场规模（斯密，1994），而市场范围又取决于分工程度（Young，1928）。专业市场发展促进专业化分工演进，通过集聚区域内同类企业产品，产业集群内产品在专业市场内充分竞争，这给集群企业以竞争压力，促使企业不断提升生产效率与产品升级。新产品的出现和集群企业规模扩张又进一步提升专业市场经营产品档次，推动专业市场升级和扩张。专业市场还通过引进区域外国内外知名品牌产品，吸引众多产品采购商进场，使集群企业获得同类竞争产品质量、价格及市场需求宝贵信息。集群中中小企业还可以通过专业市场向外界宣传自己品牌，检验企业产品被市场认可的程度以及产品创新升级的方向。这一效应在一些具有品牌影响力的专业市场中更为明显，因为这些专业市场经常举办全国性甚至国际性产品博览会，通过会展经济进一步提升地方产业集群发展。专业市场以稳定的市场需求和良好的交易环境，在其周围产业簇的基础上不断催生和培育本地特色工业中小企业集群和生产基地，并积极通过电子商务、物流配送、产品孵化、科技研发等现代生产者服务推动本地中小产业集群的价值链升级。

（三）批发市场产生商业集聚效应

批发市场作为一种大规模集中交易的坐商式市场制度安排，使产品交易在地理空间上集中于特定区域，这产生了极强的商业集聚效应。大量相同或相近的商品集中于专业市场，迅速形成竞争性市场结构，进一步强化了专业市场在产品集散、信息披露和价格形成机制。专业市场在发展壮大中不断吸引区域外同类产品，通过科学规划和分行划市强化产品优胜劣汰的市场进入与退出机制，而且一些地方政府还通过政策引导努力克服专业市场间的重复建设，这进一步增强了专业市场的集聚经济效应。

另外，专业市场还在其周围不断集聚产品加工、物流配送、金融、商务和其他相关服务，提升专业市场服务功能。这种集群式商业服务网络为众多生产企业和采购商所共享，使企业价值链网络的投资和运营成本得到很好的分摊，取得规模经济效应。专业市场集聚式交易网络使众多商业经营户和生产商在市场内进行广泛的信息和知识交流，产生学习效应，不断提升市场营销、物流配送、产品研发等价值链环节的知识与技能。专业市场还通过经常交易提升成员间的相互信任，建立一种信用监督机制，克服机会主义行为，减少假冒伪劣产品。批发市场集聚的物流配送、电子商务等现代商贸服务还可以通过市场规模的扩大获得范围经济效应。原因在于，这些商业基础设施可以处理很多相关产品系列上的价值增值活动，专业市场也可将品牌影响力扩展到价值链衍生的相关环节。例如，义乌联托运市场依托专业市场的发展，充分利用市场交易规模整合社会闲置运力，在物流配送上极大节约交易费用，同时也强化专业市场集聚经济效应，催生其内生扩张的报酬递增机制。

第三节　供应链战略联盟与价值链创新

供应链战略联盟是价值链活动各主体为实现价值共创通过各种契约安排形成的资源共享和风险共担的网络组织。① 按照企业与供应商关系以及联盟动因，可分为研发、制造和营销等联盟。按照供应链环节活动范围，可以分为同一价值链活动的成员组建的供应链联盟，如国际采购联盟、中国储运联盟等；供应链联盟也可以由价值链相互关联的不同活动主体组建，共同对供应链活动进行一体化整合以实现流程再造，典型的例子如香港利丰、浙江物产主导的产、供、销一体化联盟组织形式。供应链战略联盟推动价值链创新的机理表现在以下方面。

① 徐从才．流通创新与现代生产者服务体系构建［M］．北京：中国人民大学出版社，2011：176.

一、克服产销活动的时空矛盾

马克思在《资本论》中提出，商业的一个重要职能在于其专业化技能与活动可以有效克服商品流通中时间和空间矛盾，供应链战略联盟是产销分工不断深化和广化的过程，有效地克服价值链生产和销售环节上活动在时间和空间上的矛盾。流通商主导的供应链战略联盟就是通过商业部门的购、销、存活动高效组织来加速社会商品流通，为众多生产者缩短买卖时间。

（一）供应链战略联盟克服生产和销售时间上的矛盾

流通商通过组建供应链战略联盟，实现配送中心、供应商和分店的紧密连接，国外一些零售巨头如沃尔玛利用先进的信息技术与供货商订立自动供货系统，通过物流信息和需求信息反馈，大大缩短物流配送时间，提高存货周转率。在销售服务上，大型零售商在促销服务上善于运用卖场布置，货架空间陈列与促销方式的综合运用，使消费者更好地了解与认识商品，激发消费者的购物欲望，大大提高产品的销售速度与销售额。另外，在市场需求不断变化的条件下，制造商依据自身企业内部的信息收集和分析部门得来的市场信息往往滞后于消费者需求的变化，厂商的生产计划难以针对市场需求做出准确的调整，使供应商的产品供给对市场需求的反应存在时滞性（如图3－1表示）。

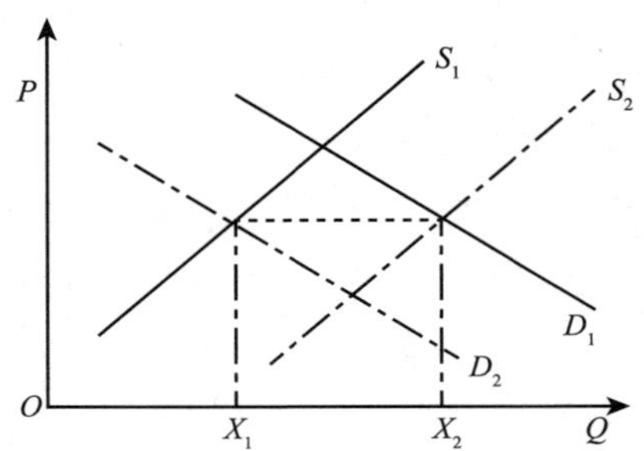

图3－1　供应链战略联盟克服需求与供给时滞

假定在某一时刻，需求与供给存在 X_1-X_2 的空缺，需求大于供给，在传统的流通渠道中，零售商会将缺货的信息反馈给批发商，批发商再将信息反馈给制造商，制造商进行扩大生产或配送，而这中间将经历较长的一段时间。到产品再次摆上货架的时刻，消费者的需求已经发生变化，需求曲线移至 D_2，而这中间零售商便在原有的销售额上扩大订货量，批发商也将采购量增加，制造商供应的数量也将扩大，供给曲线移至 S_2，产品 X_1-X_2 变成滞销品，只能通过价格机制调整才可以实现市场出清。由于生产、批发、零售环节信息反馈的时间较长，加上缺乏市场需求信息的准确及时分析，传统的制造、批发、零售的分工安排产生生产与销售时间上的矛盾。

与传统销售渠道相比，在流通商主导的供应链战略联盟，零售商利用信息扫描技术准确掌握产品的销售情况，配送中心、零售店面、生产商之间信息系统联网，制造商可以根据销售信息及时调整供给，以克服生产与销售的时滞效应。另外，一些大型零售商通过供应链整合，降低物流成本，加上优质的促销服务，以更低的价格提供给消费者更多价值，延长一些成熟产品的生命周期，这样通过与流通商主导的供应链战略联盟，零售商便通过网络供应链的整合科学确定商品到达市场的速度，有效地克服了生产和销售上的"长鞭效应"和"摆钟效应"。

（二）供应链战略联盟克服产销空间矛盾

产销之间的逻辑矛盾还在于生产和消费在空间集散上的矛盾，简单商品流通使生产者把产品直接在他所活动的空间内直接销售给消费者。当商品生产得以扩大，简单商品流通不可能完成较大空间范围内的商品流通，就必须借助独立的商业部门来克服空间集散的矛盾，产销关系的分工演进是一个不断克服生产和销售空间矛盾的过程。

流通商主导的供应链战略联盟构建了高效的网络分工组织形式，这有利于克服现代市场条件下生产和销售空间集散的矛盾。零售市场的集中和大型零售商的销售规模使得零售商可以在空间上集中众多分散的消费者，通过配送中心的采购与配送，减少产品在生产、采购、配送、销售上的空间集散矛盾，优化价值链活动中流通和生产要素在空间范围上的配置。以下用图 3－2 分析供应链战略联盟对生产和销售空间矛盾的克服。

假设一个城市是圆形的，有 n 个生产企业均匀分布在圆周的周围，厂商在产地自销产品。同样，消费者也均匀分布在圆周的周围。圆周周长为 1，

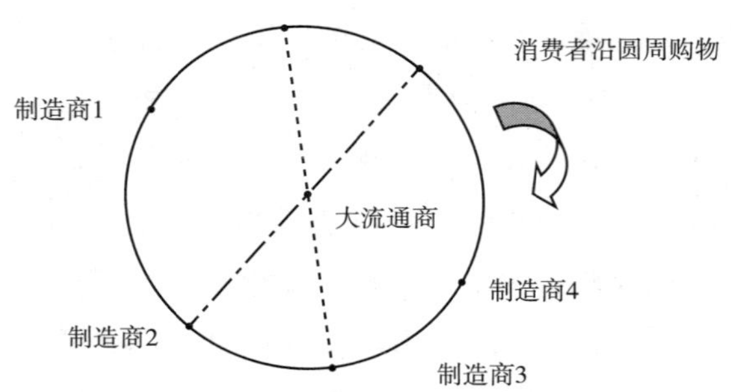

图 3-2　供应链战略联盟克服生产与消费的空间集散矛盾

消费者购买生产商的产品，除了支付产品价格以外，还发生购物成本。假设购物成本只与消费者走过的距离有关，若消费者依次购买 n 个厂商的产品，购物总成本为 t，现在假设大型流通商居于城市的中心位置，即在圆心销售所有厂商的产品（这样的假设是合理的，大型零售商通过店址的科学选择，一般在方便消费者购物的位置建立卖场），则消费者的购物再返回住处的成本为$\frac{t}{\pi}$。比较以前没有大型流通商时的购物成本 t，$\frac{t}{\pi}<t$，消费者的购物总成本得到节约。进一步假设消费者在购物成本达到一定限额后便不选择购买，即在消费者消费$\frac{n}{2}$种产品以后，所得的总收益消费者剩余正好等于购物成本$\frac{t}{2}$，再增加购买一个产品的边际购物成本大于所获得的边际收益，此时消费者对圆周上另一半$\frac{n}{2}$家厂商的产品没有需求。由于圆是对称的，同理，每一个圆周上的消费者对于它对应的另一半圆周上的$\frac{n}{2}$家厂商产品没有需求。生产和销售空间上的矛盾使得消费者购买产品的商品数为$\frac{n}{2}$，产品的市场规模受到空间的限制，每一个厂商无法向它对应的另一半周围上的消费者销售其产品。但是当流通商通过组建供应链战略联盟可以集结所有厂商的产品在圆心销售以后，消费者购物总成本$\frac{t}{\pi}<\frac{t}{2}$，消费者可以购买到圆周上所有的 n 家厂商的产品，而圆周上的 n 家厂商可以借助大型零售商向圆周上所有的消费者销售其产品。流通商主导的供应链战略联盟有效地克服了生产和销售上的空间

集散矛盾，扩大了消费和生产规模并提高了社会总福利。

进一步分析可以得出，若消费者购买$\frac{n}{\pi}$种产品，他沿圆周依次地购买制造商产品的购物成本与他去流通商位于圆心的位置购物成本是等价的，均为$\frac{t}{\pi}$。即圆半径等于某一段$\frac{1}{2\pi}$的弧长时，消费者在去厂商销售机构处购买和去流通商处购买是无差异的。当需求数目小于$\frac{n}{\pi}$时，消费者去厂商的自销机构购买是成本节约的。只有当消费者需求产品数目增多，纳入价值链迂回销售链条的产品数越多，产销分工深化才会获得交易成本的节约，市场规模的变化改变特定分工制度安排的费用和利益，而这种分工的深化又再次扩大市场的规模。[①] 当消费者购买的产品具有更强的互补性质，即他不得不购买在他对应的另外半个圆周上产品时，流通商供应链战略联盟克服空间矛盾节约交易成本的作用会更加明显。大型流通商在圆心位置与位于圆周上的产品制造厂商签订采购合同，向圆周上的所有消费者销售商品，价值链产销活动结构便演化成一种网络分工结构。在这种网络分工结构中大型流通商居于圆心，与圆周上 n 家厂商组建供应链战略联盟，从而通过交易网络的延伸扩大市场规模。而厂商出于产品价值链销售环节空间集散的考虑而选择接受这种网络分工制度安排。

二、提升价值链核心竞争优势

在顾客经济时代，产品从设计采购、生产到销售的过程必须实现高效供应链管理，在准确的时间、准确的地点、以适当的价格从生产商手中转移到零售商手中。在竞争激烈的市场环境下，单个企业基于资源限制难以实现这样供应链管理目标，这就需要处于供应链不同环节的企业为实现业务流程再造而联合起来。在不同类别的产品流通中，制造商、批发商、零售商可能在资本、技术、配送以及信息处理方面能力存在差异，一些大型流通商通过企业核心资源的占有成为一些特定工业品供应链联盟中的“链主”。由流通商

① 消费者或互补品数量的增加也会产生直接和间接的网络效应，从而扩大流通商主导的供应链战略联盟的价值增量。

主导的供应链联盟，向上整合制造企业，向下整合第三方物流企业，充分利用每一个价值链环节上企业的专业化优势，并在利益共享条件下实现各企业间优势互补与风险共担。在日益激烈的市场竞争环境下，这种供应链动态联盟使企业将有限的资源集中于自身专业化业务环节，塑造企业组织弹性，最重要的是能够快速适应市场需求变化，从供应链“时间量”的角度考虑价值链各个环节的价值增值活动，实现“链主”主导的供应链流程再造。流通企业处于连接生产与零售的中间环节，借助流通组织、品牌和信息技术的创新不断提升供应链整合能力，并通过科学的供应链管理进一步提升制造企业在价值链核心环节的竞争优势。

三、拓展价值链条的规模经济和范围经济

供应链战略联盟有利于成员各方拓展价值链环节规模经济，通过产品价值链环节活动规模的扩大降低单位活动成本。典型的例子如国际供应链采购联盟，其巨大的采购数量给予联盟各个主体议价优势，降低单个产品的采购成本。在我国，以浙江物产为代表的大型物产集团与大型生产资料生产商组建供应链战略联盟，在境外开展资源开发，为上游厂商提供优质低价的原材料。在物流配送环节，相关主体可以通过信息、仓储等资源的共享以及集中准确的配送降低库存和物流成本。

此外，供应链战略联盟可以通过产品或价值链活动的关联性拓展具体环节的范围经济，这主要是指其从事两种或两种以上的产品或价值链活动而引起的单位成本节约。联盟价值链活动的范围经济来源于价值链活动投入资源的分享，即一种资源投入用于某种价值链活动产品时对其他产品和环节的价值增殖也有作用，原因在于联盟成员的有形资源、无形资源及价值链活动具有很强的通用性，这种通用性为联盟成员在从事一种产品或价值链活动的同时对其他产品或其他成员的价值链活动产生外部经济效果，供应链战略联盟充分利用这种外部经济效果，可促进供应链联盟的协同和整体创新。

现今蓬勃发展的自有品牌产品便是供应链战略联盟发展范围经济的一大例证。零售商各自的品牌扩大了联盟的产品品种和规模，同时针对顾客信息推出自有品牌产品，将零售商卓越的信誉延伸到自有品牌产品上，降低消费

者对小型制造商产品的搜寻成本和心理上的抵抗因素，提升联盟流通效率。另外，零售商的自有品牌产品由于减少相应的广告和营销费用（Bontems，Sylvette，Vincent，1999），销售价格较同类产品更低，从而传递给客户更多的消费者剩余和更多的顾客价值。对小型生产商而言，为大型零售商生产自有品牌产品可以降低产品市场开发风险，减少市场调研和广告等投入，从而为企业产品工艺、流程和功能升级积累稀缺的资源。

四、提升价值链治理效率

由流通商主导的供应链战略同盟在组织结构上是一种动态虚拟网络组织，组织成员间治理是依靠链主与其签订的契约，当供应链环节某一节点企业出现违约或者专业化能力不适应供应链管理要求时，作为盟主的流通商可以通过契约行使相关渠道合法权利，与其解除合作协议。虽然成员间合作是通过契约联系的虚拟网络组织，但长期重复合作的关系以及利益共享的供应链管理机制增进成员间信任，从而使联盟成员专注于自身价值链环节专业化服务能力，减少不必要的专有资产投资。成员间信任关系还减少了对资产专用性机会主义的威胁，降低供应链交易费用，极大地提升供应链联盟整体的竞争力。因此，供应链战略联盟在长期相互交易基础上建立成员间信任关系，这种联盟关系使价值链治理模式转向网络、关系和模块型治理，提升组织柔性并大大降低经营风险，价值链治理效率也得到有效提升。如在我国生产资料流通领域，浙江物产集团通过前端建立资源联盟、后端健全分销网络、中间联合物流网络的模式与供应链相关企业组建长期稳定的战略同盟关系，大大提升了价值链治理的效率。客户经济时代，竞争已演变为价值链与链之间的竞争，根据相关条件构建供应链战略同盟对企业长期发展显得越来越重要。

五、推动价值链设计和营销活动变革

在流通商主导的供应链战略联盟大量采用信息技术，这不仅创新供应链流程中交易手段，还推动供应链营销、设计等活动方式变革。很多网上商城通过会员制和电子邮件，邀请会员评价购买过的商品，形成网上信息披露机制，不仅获得消费需求信息及变化趋势，而且为生产商产品改良提供参考意见。同时，流通商通过消费者特征、所购商品、价格、数量等数据信息积累，也可以有效甄别消费者潜在需求。从而通过电子邮件及手机短信定期向潜在顾客传递打折、新产品等信息，以刺激其购买。与巨额广告投入相比，这种促销费用是很低的，促销也更具有针对性，因此能大幅度提升产品销售效率。

流通商主导的供应链联盟还可以通过成员间知识整合和信息共享，共同致力于差异化和动态化客户需求的快速反应。典型的例子如香港利丰集团，通过组建供应链战略联盟，对供应链设计、采购、制造、生产监督、组装、分销等环节知识和活动进行一体化整合，与各成员共同创造知识和设计供应链解决方案，将相关成员的各自分割的价值链活动整合到整条产品供应链价值创造中，从而缩短产品开发时间，提高供应链快速反应能力，并通过联盟敏捷制造实现对市场需求的快速反应。联盟内各成员的知识整合也促使联盟形成一体化的学习型组织，便于根据外界快速变化的市场竞争环境和消费需求，调整经营战略和重新定位价值链环节的活动和空间分布，赢得联盟整体组织的竞争优势。

六、改造提升商流、物流与信息流

流通商主导的供应链战略联盟，可建立成员间网络组织结构，提高资源使用效率，降低沉没成本，从而全面改造和提升供应链中传统商流、物流与信息流，最终系统地提升流通效率。供应链战略联盟还极大地推动电子商务飞速发展，流通商通过电子商务把生产商、物流商、消费者整合在一起，消费者可以通过因特网浏览零售企业网站，寻找符合自身需求的产品，将购买产品的数量、价格、配送需求等交易信息以电子订单形式予以确定，极大地减少购物时间和搜寻成本。生产商通过联盟，拓宽产品销售渠道，提高存货周转率，并有效降低产品库存成本。很多著名零售企业现在已开设网上商城，甚至一些奥特莱斯店也利用网购让异地消费者享受到品牌折扣带来的购物满足。另外，信息技术和联盟组织的创新也催生了电子零售业的发展，这种新型零售业态极大地节省流通商在店铺、人员等流通资源上投资，通过互联网、手机、支付宝等现代信息和交易工具的创新扩大消费者搜寻范围，并简化订单处理、信用调查、物流配送、货款结算等履约过程，使物流、商流、信息流在供应链联盟电子商务模式下得到高效整合，从而很好地解决供应链流程中的耽搁迟滞，大大缩短产品流通时间，极大地减少交易成本并提升流通效率。

第四节　流通企业“走出去”与制造业价值链提升

长期以来，缺乏自主分销的国际流通渠道是造成我国制造业处于国际价值链低端环节的重要原因。近年来，随着中国外汇储备和经济快速增长，流通业加快“走出去”步伐，对外直接投资额由2003年的3.57亿美元增长到2019年233.5亿美元，流通业对外直接投资存量2019年达到3710.6亿美元，[①] 流通企业加快“走出去”对我国制造业价值链的提升起到较为明显的促进作用。

一、流通企业“走出去”的方式

（一）零售企业对外直接投资

在外资零售业大举进入中国市场和竞争压力增加的背景下，中国零售企业也在尝试“走出去”以拓展国际市场。但总体而言，中国零售企业对外投资的规模和市场分布较小，经营绩效也有待提升。2003年6月，华联、苏宁等零售企业开始尝试并购海外已有一定经营基础的同类业态企业，以更加适宜的对外投资方式开拓国际市场。2005年12月，北京华联集团以400万新元并购新加坡西友百货。[②] 2009年7月，苏宁电器以8亿日元并购日本家电连锁企业LAOX株式会社27.36%的股权。2009年12月，苏宁电器以3500万港元并购香港镭射公司，从而在香港旺角、尖沙咀、屯门、沙田等核心商

---

① 数据来源：中华人民共和国商务部，国家统计局，国家外汇管理局.《2019年度中国对外直接投资公报》，北京：中国商务出版社，2020.

② 王立勇.北京华联跨国并购进军新加坡［N］.中国商报，2005-12-17.

圈拥有22家家电连锁门店。[①] 总体来看，我国零售业对外直接投资主要集中在超市和专业店等新兴业态，投资方式逐渐转向以并购方式为主。

（二）批发业的国际化

在批发业国际化的进程中，东部沿海较为发达的批发市场以出口产品的方式进行国际化经营的积极探索。随着中国批发市场特别是浙江等地小商品专业市场的蓬勃发展，专业市场的国际化水平逐步提升，批发经营主体开始往境外输出资本，以合资、独资方式建立办事处或专业市场，充分利用国内与国外两个市场进行内贸与外贸、贸易和投资的联动发展。

在国家的积极扶持和政策引导下，一些大型批发企业集团国际化经营水平逐步得到提升，特别是在生产资料批发业。以浙江物产、天津物产为代表的大型流通企业积极向外输出资本、建立境外分支机构，提高生产资料价值链关键环节专业化水平和竞争优势，强化供应链一体化集成服务能力，努力向供应链系统服务集成商转型。大型批发企业集团通过强化采购、销售以及价值链一体化整合竞争能力，极大地提升在全球价值链中的地位。

（三）制造业组建供应链国际战略联盟

缺乏自主的国际销售渠道一直是困扰制造企业提升全球价值链位置和获利能力的瓶颈。对此，一些有实力的制造企业通过组建供应链战略联盟，积极探索国际化分销渠道的构建途径，通过资源共享以强化价值链销售环节的竞争能力，组建国际战略联盟。

二、流通企业“走出去”提升制造业全球价值链的机理

（一）改善价值链薄弱环节

流通业“走出去”，在境外建立分支机构，形成自主分销体系，从而改善我国在全球价值链中营销、运输和售后服务等薄弱环节，并为制造业提供高质量的产品服务，通过价值链互动发展和自主创新突破跨国公司的

① 王杨二．苏宁以并购推动国际战略［EB/OL］．中国质量新闻网，2010－2－1．

"俘获型"生产网络，实现产品、功能和工艺的升级。在国家价值链中，流通业和制造业的良性互动发展有助于实现卓越的价值链创新绩效。在全球价值链中，流通业"走出去"可以提升产品展示和市场营销效率，从而不断拓展价值链活动的空间范围和市场需求，并加强与价值链国内生产环节的联系和互动，使制造企业集中资金、人力等资源致力于产品技术创新，不断促进价值链各环节活动的自主创新和空间重组，从而创造出更高的产品价值。

（二）提升价值链治理效率

流通业"走出去"可以加强国内相关企业与全球价值链的组织链接，增强价值链治理者的渠道、信息和品牌优势，有效降低协调价值链各环节的交易费用，提升价值链集成协调能力，从而提升价值链治理效率。鉴于目前我国在全球价值链的位置，价值链治理模式以市场和等级制为主。由于国内与国际市场交易环境的差异，市场治理可能因为协调难度大而导致效率不高。我国在国际市场中缺乏大型国际化经营的制造和流通企业，因此等级制治理模式较少。流通企业"走出去"有利于建立国内与境外相关企业的网络组织链接，提升模块型、关系型、领导型价值链治理模式的比例。这些价值链治理模式的转变比较适应目前我国企业"走出去"的规模、产品和市场特征，众多中小型的制造和流通企业可以根据产品和企业具体情况，选择模块型、关系型和领导型治理模式，在复杂的国际交易环境中提高竞争能力，提高生产和流通的空间位置上的集聚程度，降低价值链环节协调费用，并通过内外联动不断壮大价值链环节活动上的规模经济和范围经济，培育产品和服务专业化优势，增强企业价值链对国际市场的快速反应和供应能力。价值链协调能力的增强必将推动价值链的升级和创新，形成报酬递增的利益源泉，这反过来又会增强价值链各环节主体的联系和互动程度，进一步提升价值链治理效率。

（三）形成"买方驱动的价值链"创新

流通业"走出去"不仅在境外建设稀缺的销售资源，而且增加对国际市场需求的知识，提升识别价值链薄弱环节的能力，形成"买方驱动的价值链”。在具体的市场环境中，通过与消费者的近距离接触，快速准确地把握国际需求信息，为产品设计提供支持，使产品设计与国际需求潮流快速接轨。例如，浙江轻纺城在世界服装时尚之都纽约和米兰建立办事处，有效地把握国际流行趋势，为国内产品和工艺升级提供指导。海宁中国皮革城在国际皮草业领导市场丹麦组建海宁・哥本哈根皮草学院，通过产品、营销和设计的专业培训提升销售人员在国际市场的综合能力。另外，买方驱动的价值链不仅表现以销售渠道逆向整合商品流通网络，而且提升在全球范围寻找供应商的能力，这有利于流通企业向专业化的供应链集成贸易商转型。流通企业“走出去”还可以为制造商寻找高质量的原材料，降低采购成本，通过价值链各环节活动的比较优势和竞争优势不断拓展规模经济和范围经济，最终形成“买方驱动的价值链”创新。

（四）推动产品价值链升级

流通业“走出去”有利于改善价值链物质和知识技术投入结构，便于企业掌握国际市场需求信息和最新的设计潮流，这有利于我国传统的劳动力密集型产业及其集群改良产品设计和工艺流程。如浙江轻纺城在日本大阪设立办事处，提升设计和研发水平，促进轻纺城的工艺升级。其次，在工艺升级的基础上，流通业“走出去”便于在境外为制造业寻找高质量的原材料，为产品升级打下坚实的基础。比较典型的例子如浙江物产和天津物产积极建设境外生产资料供应基地，提升铁矿石、锰矿的等进口原材料质量，增强国内相关企业在资源产品的开发能力。在产业功能升级上，流通企业外向型国际化经营拓展我国流通业的空间范围和市场规模，提升现代交易手段和信息技术的应用程度，加强产前、产中、产后等环节的产品服务功能。而对制造业而言，流通企业“走出去”为其工艺和产品升级提供原材料和专家指导，承接产品销售和售后环节的服务外包，使制造企业在价值链核心环节上集中资源，不断获得新的企业竞争优势。通过外向型国际化和价值链环节的优势互补，制造业和流通业的服务功能在国际市场中得以拓展和提升，企业有效培育自身核心竞争能力和价值链动态活动能力，从而推动制造业和流通业的整体产业功能升级。价值链的整链升级需要技术、产品、流程的突破性创新，由于我国流通业“走出去”还处于发展过程中，价值链整链升级的例子还较少。但是从价值链升级的内在机制看，价值链升级一般沿“工艺—产品—产业—整链”路径发展，因此在有效地推动工艺、产品和产业升级的基础上，流通企业外向型国际化将有利于推动我国在价值链各环节的动态能力，为突破性创新积累核心生产和服务要素，最终必将推动我国低附加值产品价值链向知识、技术密集型产品价值链升级。

第四章

流通效率评价及其影响制造业效率的实证分析

第一节 中国流通效率的实证分析

流通效率一直是学界非常关注的问题，国内学者普遍认为我国目前流通效率较低，集中体现在流通费用较高（夏春玉、丁涛，2012；向佐谊，柳思维，2011；洪涛，2012）、资产周转速度慢（纪良纲，2004）、组织化程度低（王晓东、张昊，2012）等方面，提高流通效率是构建高效的流通体系和实现集约型流通增长方式的必然选择（徐从才、盛朝迅，2012）。随着研究的深入，使用定量方法评价流通效率的研究逐渐增多，主要可分为三类：第一类以使用模糊综合评价法构建流通效率的具体指标及其权重（瞿春玲、李飞，2012），第二类以效用函数、因子分析等多元统计方法对流通效率进行测度（周日星、苏为华，2006；李骏阳、余鹏，2009），第三类以数据包络方法计算全要素生产率对流通效率进行评价（汪旭晖、徐健，2009；陈宇峰、章武滨，2015；王晓东、王诗桪，2016）。

随着生产率研究方法的深入发展，国际学术界已开始采用全要素生产率（TFP）评估流通产业的服务效率。在研究方法上又可以分为两类，一类采用非参数的数据包络分析方法（Keha 和 Chu，2003；Rubio 和 Ruiz，2006），另一类采用参数的随机前沿分析方法（Barros，2004）。但国内相关研究主要是运用非参数的数据包络分析方法计算零售业上市公司全要素生产率，由于零售业上市公司的多元化经营，基此计算的 Malmquist 指数难以真实评估流通效率。本章在相关研究的基础上，使用1999~2016年批发和零售业的省级面板数据，运用DEA-Malmquist指数方法计算流通产业全要素生产率，以此对流通效率进行评价，并对全要素生产率进行分解，计算纯技术效率和规模效率指数，探讨流通组织创新和技术创新对流通效率的影响，测算各省份及东部、中部、西部地区流通业全要素生产率指数的变化，分析中国流通效率不同年份间的动态变化，在此基础上研究流通效率在时间和空间上的变化特征。

一、流通效率的研究方法

数据包络分析（DEA）运用线性规划的方法构建观测数据的非参数分段曲面，然后对这个前沿面来计算效率。① 运用DEA分析面板数据时，可以计算Malmquist全要素生产率指数以评价生产率的改变，并且Malmquist全要素生产率指数可进一步分解为技术进步和技术效率的改变。数据包络方法分析生产率实际是投入—产出法的具体应用，首先，假设t期生产技术函数为$D^t(x, y)$，x表示投入，y表示产出，上标t表示时间。产出导向的Malmquist全要素生产率指数（Färe，1994）可表示为：

$$M_o^{t,t+1}(y^{t+1},x^{t+1},y^t,x^t)=\frac{D^{t+1}(y^{t+1},x^{t+1})}{D^t(y^t,x^t)}\left[\frac{D^t(y^{t+1},x^{t+1})}{D^{t+1}(y^{t+1},x^{t+1})}\frac{D^t(y^t,x^t)}{D^{t+1}(y^t,x^t)}\right]^{\frac{1}{2}} \tag{4-1}$$

如果式（4-1）计算的Malmquist全要素生产率指数大于1，表示全要素生产率从t期到t+1期得到提高，小于1表示生产效率下降。式（4-1）前半部分表示技术效率变化，后半部分表示技术进步变化，生产技术函数为$D_o^t(x, y)$中下标o表示产出导向。技术效率可进一步细分为纯技术效率变化指数（PEC）和规模效率变化指数（SEC），具体表示见式（4-2）和式（4-3），下标ov和oc分别表示产出导向的规模报酬可变生产技术函数和规模报酬不变生产技术函数。

① Coelli T J, Prasada R, Battese G E. An introduction to efficiency and productivity analysis [M]. Boston: Kluwer Academic Publishers, 1998: 294-298.

$$PEC = \frac{D_{ov}^{t+1}(y^{t+1}, x^{t+1})}{D_{o}^{t}(y^{t}, x^{t})} \tag{4-2}$$

$$SEC = \left[\frac{D_{ov}^{t}(y_{t+1}, x_{t+1})/D_{oc}^{t}(y_{t+1}, x_{t+1})}{D_{ov}^{t+1}(y^{t}, x^{t})/D_{oc}^{t}(y_{t}, x_{t})} \frac{D_{ov}^{t}(y_{t+1}, x_{t+1})/D_{oc}^{t}(y_{t+1}, x_{t+1})}{D_{ov}^{t}(y_{t}, x_{t})/D_{oc}^{t}(y_{t}, x_{t})} \right]^{\frac{1}{2}} \tag{4-3}$$

二、变量选择与数据来源

在数据选择上，本章选择我国批发和零售业的投入产出省级面板数据计算流通效率。为了避免重复计算，本章参照蒂默和扬帕（Timmer and Ympa，2006）的做法，剔除价值链中的物流、仓储部门投入产出数据，选择 1999 ~ 2016 年批发和零售业的省级面板数据分析流通效率。在具体变量选择上，一般在分析工业全要素生产率时会选择工业增加值作为衡量产出变量，但流通效率更多地表现在面向制造商、中间商的生产性服务和面向消费者的销售服务上。因此，本节选择销售额作为流通业的产出变量，在投入方面选取流通业中资产总额和从业人数两个变量，这与多姆斯（Doms，2004）在研究连锁超市生产率时所选择的投入变量和基哈、楚（Keha，Chu，2003）研究零售业生产率所选择的产出变量一致，所有数据来源于 1999 ~ 2017 年《中国统计年鉴》和中经网数据库。

三、流通效率的实证分析结果

（一）流通效率动态评价

表 4 - 1 是 1999 ~ 2016 年全国流通产业全要素生产率变化及其分解的计算结果，从中可以看出，我国流通产业 1999 ~ 2016 年全要素生产率平均增长了 7.2%，其中技术进步提高 5.3%，总技术效率提高 1.8%，规模效率为 0.1%，纯技术效率变化为 1.8%。这表明，1999 ~ 2011 年中国流通产业的组织、技术和制度创新推动流通效率的提升，但流通效率增长更多地来自信息和物流等方面技术进步，技术创新的扩散和组织创新对流通效率提升作用较小。

表 4-1　　1999~2016 年全国流通效率及其构成成分的动态变化

年度	总技术效率变化 (effch)	技术进步指数 (techch)	纯技术效率变化 (pech)	规模效率变化 (sech)	Malmquist index (tfpch)
1999~2000	1.01	1.159	1.042	0.97	1.171
2000~2001	1.095	1.035	1.062	1.031	1.133
2001~2002	0.996	1.032	1.015	0.982	1.027
2002~2003	1.003	1.121	1.03	0.974	1.124
2003~2004	1.092	1.065	1.063	1.027	1.163
2004~2005	0.936	1.162	0.959	0.976	1.088
2005~2006	0.98	1.078	0.991	0.989	1.057
2006~2007	1.082	0.951	1.071	1.011	1.029
2007~2008	0.942	1.145	0.946	0.995	1.078
2008~2009	1.101	0.8	1.075	1.024	0.88
2009~2010	0.953	1.115	0.939	1.015	1.063
2010~2011	1.046	1.033	1.038	1.008	1.081
2011~2012	0.983	1.09	0.994	0.988	1.071
2012~2013	0.916	1.143	0.97	0.945	1.047
2013~2014	0.96	1.02	1.05	0.914	0.979
2014~2015	1.135	0.878	0.972	1.168	0.997
2015~2016	0.973	1.015	0.976	0.998	0.988
均值	1.018	1.053	1.018	1.001	1.072

资料来源：1999~2017 年《中国统计年鉴》和中经网数据库。

综合各年全要素生产率的估计结果，可以看出，1999~2013 年的 Malmquist 全要素生产率指数除了 2008~2009 年小于 1 以外，其余时间区间均大于 1，但 2013~2016 年 3 个年度 Malmquist 指数均小于 1。这也表明近年来我国零售业特别是实体零售经营困境导致流通效率持续下降。2008 年 Malmquist 指数小于 1 主要是由于国际金融危机的负面影响，但通过政府出台的一系列扩大内需的政策，2009~2010 年 Malmquist 指数又迅速地得到增长。总技术效率在 2001~2002 年、2004~2005 年、2005~2006 年、2007~2008 年、2009~2010 年、2011~2012 年、2012~2013 年、2013~2014 年、2015~

2016 年 9 个时间区间是恶化的；技术进步指数在 2006 ~ 2007 年、2008 ~ 2009 年、2014 ~ 2015 年三个时间区间恶化；纯技术效率在 2004 ~ 2005 年、2005 ~ 2006 年、2007 ~ 2008 年、2009 ~ 2010 年四个时间区间是恶化的；规模效率在 1999 ~ 2000 年、2001 ~ 2002 年、2002 ~ 2003 年、2004 ~ 2005 年、2005 ~ 2006 年、2007 ~ 2008 年、2011 ~ 2012 年、2012 ~ 2013 年、2014 ~ 2015 年、2015 ~ 2016 年 10 个时间区间是恶化的，其余时间区间各种指数均实现不同程度的增长。从生产率指数各年度区间分解结果可以发现，流通技术创新促进流通效率的提升，纯技术效率和规模效率在一些年份阻碍了流通效率的提升，其中，组织创新不足对流通效率的阻碍最大。全要素生产率的年度分解结果进一步说明，在引入先进信息技术改造传统业务流程实现流通业技术进步时，技术效率下降影响流通效率的整体提升。在 1999 ~ 2016 年样本时间区间内，造成流通产业技术进步与技术效率损失、规模效率恶化并存的现象，我国流通技术创新扩散以及流通组织创新存在较大不足。

（二）流通效率增长的区域差异

为分析我国各区域的流通效率变化，本章计算全国 31 个省份流通产业 Malmquist 全要素生产率指数，结果见表 4 – 2，可以看出，我国流通效率变化存在明显区域差异。

表 4 – 2　　1999 ~ 2016 年全国各区域流通效率及其构成成分的均值

省份	总技术效率变化（EC）	技术进步指数（TC）	纯技术效率变化（PEC）	规模效率变化（SEC）	Malmquist index（TFP）
北京	1.027	1.055	1.020	1.007	1.083
天津	1.022	1.048	1.022	1.000	1.071
河北	1.000	1.060	1.000	1.000	1.060
山西	1.016	1.065	1.016	1.000	1.082
内蒙古	0.994	1.054	0.991	1.003	1.048
辽宁	0.999	1.053	1.039	0.961	1.052
吉林	1.065	1.048	1.064	1.001	1.116
黑龙江	1.052	1.048	1.053	0.999	1.102

续表

省份	总技术效率变化（EC）	技术进步指数（TC）	纯技术效率变化（PEC）	规模效率变化（SEC）	Malmquist index（TFP）
上海	0.974	1.052	0.983	0.992	1.025
江苏	0.988	1.062	0.986	1.002	1.050
浙江	0.981	1.066	0.982	0.999	1.046
安徽	1.009	1.082	1.037	0.973	1.091
福建	0.964	1.077	1.001	0.964	1.038
江西	1.038	1.067	1.036	1.002	1.107
山东	1.020	1.051	1.014	1.006	1.072
河南	1.018	1.041	1.018	1.000	1.059
湖北	1.030	1.039	1.030	1.000	1.070
湖南	1.053	1.034	1.052	1.001	1.089
广东	0.985	1.047	0.982	1.002	1.031
广西	1.026	1.057	1.025	1.001	1.084
海南	1.066	1.054	1.065	1.002	1.124
重庆	1.026	1.052	1.031	0.995	1.079
四川	1.006	1.052	1.009	0.997	1.058
贵州	1.023	1.048	1.022	1.002	1.073
云南	0.974	1.048	0.975	1.000	1.021
西藏	1.057	1.059	0.981	1.077	1.119
陕西	1.026	1.055	1.030	0.996	1.083
甘肃	1.014	1.040	1.010	1.003	1.054
青海	1.060	1.042	1.047	1.012	1.104
宁夏	1.025	1.039	1.011	1.013	1.064
新疆	1.032	1.046	1.040	0.991	1.079

各地流通产业 Malmquist 全要素生产率指数均大于 1，表明 1999～2016 年我国各省份流通效率都得到有效提高。但全国有 13 个省份流通效率增长低于全国平均水平，4 个省份与全国平均增长水平相当，只有 14 个省份高于全国平均增长水平。1999～2016 年我国各省份技术进步指数均大于 1，表明各地流通产业均通过信息、结算、物流等方面技术创新推动流通产业的技术进步。但在总技术效率变化上，内蒙古、辽宁、上海、江苏、浙江、福建、广东、云南八省总技术效率指数年增长均值小于 1，河北年增长均值等于 1，其

余省份大于1，表明大部分省份的流通产业的技术效率得到提高。

在规模效率变化方面，辽宁、黑龙江、上海、浙江、安徽、福建、重庆、四川、陕西、新疆10省区的规模效率变化指数年增长均值小于1，天津、河北、山西、福建、河南、湖北、云南规模效率变化指数年增长均值等于1，其余省份规模效率变化指数年增长均值大于1。上海、浙江、福建是全国流通产业相对发达的省份，同时也是外资零售业重点进入的市场。规模效率指数小于1的原因可能在于：流通产业市场较为饱和，在业态、服务、产品等方面差异化程度较少，从而加剧市场竞争。这三省的流通技术进步较为显著，从而大大提升了流通业全要素生产率，而剩余七省份流通产业组织化程度可能存在不足，流通企业普遍缺乏价值链一体化整合与创新能力。

为进一步研究流通效率变化的区域差异，本书把全国划分为东部、中部和西部三个区域，分别计算各区域的流通业动态效率变化，结果见表4－3。东部地区包括北京、天津、河北、辽宁、上海、江苏、浙江、福建、山东、广东和海南，西部包括四川、重庆、贵州、云南、西藏、陕西、甘肃、青海、宁夏、新疆、广西、内蒙古，中部地区包括山西、吉林、黑龙江、安徽、江西、河南、湖北、湖南。

表4－3　1999～2010年全国东部、中部、西部地区流通效率及其构成成分的均值

区域	总技术效率变化（EC）	技术进步指数（TC）	纯技术效率变化（PEC）	规模效率变化（SEC）	Malmquist index（TFP）
东部	1.006	1.071	1.003	1.003	1.077
中部	1.010	1.106	1.008	1.003	1.118
西部	0.997	1.096	1.002	0.996	1.093

从表4－3的计算结果可以看出，东部、中部、西部地区流通产业的Malmquist全要素生产率年增长均值都大于1，中部地区流通效率提升最高（1.118），西部其次（1.093），东部最低（1.077），东部、中部、西部地区之间流通效率增长存在差距。东部地区流通效率增长低于中、西部地区的原因在于：东部地区流通产业在技术、企业组织规模上基础较好，而原本基础薄弱的中西部地区在流通创新过程中效率提升较快。东部地区市场是最早开放也是外资商业重点进入的区域，竞争较为激烈。为争夺有限的市场份额，

各流通经营主体之间经常大打价格战，这一定程度上弱化了流通效率的提升。在总技术效率变化上，西部地区小于1，东部地区和中部地区均大于1。在技术进步指数上，三大区域均大于1，中部和西部地区较为接近，均为1.1左右，增长约10%，东部地区技术进步指数1999～2016年增长7.1%。在规模效率变化方面，西部年增长均值为0.996，规模效率的恶化阻碍了西部地区流通效率的提升。中部和东部地区规模效率变化指数年增长均值为1.003，规模效率增长约0.3%。这说明，西部地区流通效率提升主要来源于技术进步，组织创新不足阻碍其流通效率增长。中部和东部地区虽然规模效率变化指数为正，但其贡献度小于技术进步，流通效率的提升也主要来自流通技术进步。

（三）细分行业的生产率分析

由于流通业中零售业和批发业在产品组合和服务方式、对象上差异，各地在零售业和批发业上发展水平也存在较大差异，以下分别对流通业中零售业和批发业服务效率进行分析，计算结果见表4－4。

表4－4　1999～2016年零售业和批发业动态效率变化及区域差异

1999～2016年零售业动态效率变化的区域差异					
区域	总技术效率变化（effch）	技术进步指数（techch）	纯技术效率变化（pech）	规模效率变化（sech）	Malmquist index（tfpch）
东部	1.022	1.058	1.023	1	1.081
中部	1.016	1.087	0.999	1.017	1.105
西部	1.010	1.107	1.008	1.003	1.119
全国	1.031	1.049	1.027	1.004	1.082
1999～2016年批发业动态效率变化的区域差异					
区域	总技术效率变化（effch）	技术进步指数（techch）	纯技术效率变化（pech）	规模效率变化（sech）	Malmquist index（tfpch）
东部	1.003	1.073	0.998	1.004	1.076
中部	1.009	1.118	1.001	1.008	1.128
西部	1.000	1.108	1.007	0.992	1.108
全国	1.019	1.058	1.021	0.998	1.078

在总技术效率变化方面，零售业 1999～2016 年平均总技术效率变化为 0.976，与技术进步指数作用方向相反。总技术效率变化降低了 2.4%，对 Malmquist 全要素生产率指数形成负面影响。进一步分解总技术效率变化，得到纯技术效率年的平均变化值 0.999 和规模效率的年平均变化值 0.977，纯技术效率和规模效率对 Malmquist 全要素生产率指数一致形成负面影响。而批发业总技术效率变化为 1.019，与技术进步指数作用方向相同。总技术效率变化指数分解的纯技术效率和规模效率年平均变化值分别为 1.021 和 0.998，批发业的纯技术效率和规模效率对 Malmquist 全要素生产率指数作用方向相反。零售业和批发业规模效率指数均小于 1，而技术进步指数均大于 1。批发业组织创新存在不足，一方面缺乏大型综合批发企业集团，另一方面，各地批发市场以摊位制个体经营为主，规模经济和范围经济效应未能得到有效发挥。零售业和批发业通过流通技术创新显著地促进生产率的提升，而流通组织创新对生产率的提升作用并不显著。

进一步研究流通业中零售业和批发业效率变化的区域差异，遵循以上研究流通业效率区域差异的方法，把全国划分为东、中、西三个区域，实证分析可以发现零售业 Malmquist 全要素生产率指数均值东部最低，西部最高，东部和西部 Malmquist 全要素生产率指数相差 3.8%，中部和西部地区 Malmquist 全要素生产率指数高于全国平均水平。在技术进步指数上，东部、西部和中部均大于 1。在规模效率变化方面，东部等于 1，西部和中部地区均大于 1，但贡献度都小于技术进步对 Malmquist 全要素生产率指数。

批发业 Malmquist 全要素生产率指数均值东部最低、中部最高，中部 Malmquist 全要素生产率指数比东部高 5.2%，比西部高 2%。规模效率变化指数方面，东部和中部都大于 1，且高于全国平均水平，西部地区规模效率变化指数为 0.992，规模效率恶化 0.8%，对 Malmquist 全要素生产率指数起负面影响。西部地区批发业发展远远滞后于中部和东部地区，并拉低了全国批发业的规模效率变化指数，1999～2016 年全国批发业的规模效率恶化了 0.2%。技术进步指数方面，东部、中部和西部地区都大于 1。

综合流通业中零售业和批发业效率的实证分析结果，细分区域和行业的结果虽然在一些具体指数上存在一些差异，但是技术进步指数与规模效率变化指数基本上一致，技术进步指数明显大于规模效率变化指数。这说明，在我国，流通技术创新比组织创新更显著地促进零售业和批发业服务效率的提升。

（四）流通效率变化的周期波动性

1999～2016 年中国流通效率的增长呈现出明显的周期性和波动性，整个样本区间可划分为 1999～2004 年、2004～2008 年、2008～2011 年、2011～2012 年四个波动周期。在 1999～2004 年第一个波动周期内，流通效率增长率的具体波动特征表现为（1999～2002 年）下降→（2002～2004 年）上升。在 2004～2008 年、2008～2011 年两个波动周期内，流通效率增长率具体波动特征仍然呈现先下降（2004～2005 年、2005～2006 年、2006～2007 年、2008～2009 年）然后回升（2007～2008 年、2009～2010 年、2010～2011 年）的趋势。

流通效率增长的波动性和周期性与我国流通领域改革开放的发展阶段是相一致的，在 1999～2004 年的第一个波动周期内，1999～2002 年流通效率的增长先是下降，表明 2001 年我国加入世界贸易组织后面临严峻挑战，1999～2002 年流通效率持续下降。2002～2004 年是我国入世过渡期，为应对外资商业的竞争，中国流通企业加快了资本重组和技术进步的速度，政府加快构建与国际市场接轨的商务管理体制，流通效率得到较大提升，其中 2002～2003 年和 2003～2004 年流通效率分别增长 12.4% 和 16.3%。在第二个波动周期内，2004 年 12 月，我国按照“入世”承诺，在进入地域、持股比例和经营领域全面放开对外资零售业的限制。外资零售业不仅提升市场竞争程度，而且利用资金、品牌的优势并购内地零售企业。由于市场管制和相关法制法规的缺陷，相关政府部门在引进外资和对外开放的同时忽视了对外资企业市场行为的规制，特别是在一些企业的横向并购上。在外资零售企业的“示范”作用下，国内一些大型零售商也开始利用市场优势地位牟取超额利润，突出表现在大型超市和百货商场滥收通道费，导致产销关系恶化和渠道冲突频发。因此，2004～2007 年流通效率的增长率持续下降。2007 年以后，政府加大对流通产业市场管制工作，陆续出台《反垄断法》《零售商供应商公平交易管理办法》，流通产业逐步规范。2007～2008 年我国流通效率的增长率又开始回升。受 2008 年国际金融危机的扩散影响，2008～2009 年流通效率的增长率又开始下降，进入第三个波动周期。但国家连续实施“家电下乡”“以旧换新”等政策，特别是《国务院办公厅关于搞活流通扩大消费意见》出台后，各级政府充分重视流通产业在扩大内需和促进消费中作用，中央政府还以专项财政资金支持电子商务、多式联运、物流转运设施、农产品冷链物流等方面技术改造，2009～2011年流通效率的增长率迅速回升。

从1999～2016年间三个周期内流通效率增长的波动情况看，波动特征大都是先下降后上升，调整时间在第一个周期下降的年份为2年，上升的年份为2年。在第二个周期内，流通效率上升和下降的年份分别为1年和3年。在第三个周期内，流通效率上升和下降的年份分别为2年和1年。除了国际市场外部冲击因素之外和内部宏观经济影响外，中国流通效率的增长率调整周期缩短。原因在于，一方面随着流通业深化改革和组织、技术创新的快速扩散，流通企业在组织规模、现代交易方式、信息化等方面得到较大程度提高，这不断提升企业综合竞争力；另一方面，随着流通业先导性和基础性产业地位的逐步确立，政府更加注重流通产业的市场管制和支持。在2002～2004年、2007～2008年、2009～2011年流通产业生产率三个上升的时间段内，各级政府在商贸流通领域都有非常重要的改革措施和政策扶持。这说明流通体制改革明显促进流通产业生产率提升，我国流通产业的发展是一个诱致性技术变迁和强制性制度变迁相互交织推动的过程。

但受经营成本上涨、发展方式粗放和网络零售冲击等诸多因素的影响，近年来我国实体零售经营困难，部分零售业态和地区遭受“关店潮”，这也造成2011～2016年我国流通效率下降，从而进入流通效率波动的第四个周期。而政府为推动实体零售创新转型发展，也出台一系列政策。特别是2016年11月，国务院办公厅颁布实施《关于推动实体零售创新转型的意见》。结合我国流通效率的波动周期，我国流通效率应在此后几年中持续回升。

第二节　流通功能拓展促进制造业效率提升的效应分析

为验证流通功能拓展基础上流通业与制造业价值链互动发展的机理，本节在已有研究的基础上，使用1999～2016年我国31个省份的数据构建面板数据模型，对流通功能拓展与制造业企业价值链互动发展的绩效进行实证研究。另外，由于价值链活动的互动发展，制造业效率也将影响流通业的发展，而现有的实证研究均忽视因此产生的模型内生性问题。因此本章将运用2阶段最小二乘法（2SLS）克服模型的内生性，并检验相关估计结果的稳健性。

一、实证模型设定

从国内外相关研究可以看出，流通功能拓展影响制造业效率的理论基础主要来源于迂回生产、价值链、分工等视角发展的生产性服务业与制造业互动发展理论，西科恩（Ciccone）、埃塞尔（Ethier）、马库森（Markusen）等学者还运用数理模型推导和验证互动论中的一些基本原理。其中，Ciccone和霍尔（Hall，1996）将生产性服务作为中间投入引入C－D生产函数模型，实证检验生产者服务业的发展对制造业效率提升的作用。其主要的实证分析模型如式（4－4）所示。

$$\frac{Q_s}{N_s}=\phi A_s^{\omega}D_s(\theta,\eta) \tag{4-4}$$

其中

$$D_s(\theta,\eta)=\frac{\sum_{c\in c_s}(n_c h_c^{\eta})^{\theta}a_c^{1-\theta}}{N_s} \tag{4-5}$$

式（4－4）中，Q_s代表制造业产出，N_s代表制造业所雇用的工人，计算Q_s/N_s得到制造业效率，ϕ为常数，A_s为希克斯中性技术进步乘数，D_s为中间投入密度函数，θ为技术乘数弹性，η为劳动力教育弹性。式（4－5）中的n_c代表c地区生产性服务业雇用的工人，h_c代表c地区生产性服务业雇用工人的平均受教育年限，a_c为c地区面积。本书在西科恩（Ciccone）和霍尔（Hall，1996）模型的基础上引入流通创新的相关变量，结合数据包络分析方法，以1990～2010年我国31个省数据构建面板数据模型，实证研究流通创新对制造业全要素生产率的影响，基本计量模型设定为式（4－6）。

$$TFP_{it} = \alpha_i + \beta_1 sm_{it} + \beta_2 kz_{it} + \lambda_t + \varepsilon_{it} \quad (4-6)$$

式（4－6）中，被解释变量 TFP_{it} 是反映制造业价值链效率的指标，使用制造业的全要素生产率指数来衡量。sm 反映流通业流通创新的解释变量集合，依次为流通业技术进步指数（smte）、流通业全要素生产率（smtfe）、流通业规模效率指数（smse）。kz 代表控制变量集合，目的是控制除流通功能拓展外其他影响制造业全要素生产率的因素。参照江静、刘志彪（2007）、丁宁（2010）和王俊（2011）的相关研究，控制变量中加入了制造业资本有机构成（capit）、城市化水平（city）、固定资产（gdzc）、外资经营比重（wz）和人力资本状况（ski）。在式（4－6）中，下标 i 表示省份，t 表示年份，α_i 表示省市固定效应，λ_t 表示年份固定效应，控制宏观经济环境变化对制造业效率的影响，ε_{it} 表示随机扰动项，假设它服从独立同分布。

二、变量说明

（一）被解释变量

制造业价值链效率：为了比较全面地测算制造业的价值链竞争能力和生产效率，本节参照（张杰、李克、刘志彪，2011）的研究，使用数据包络方法计算制造业的全 Malmquist 要素生产率指数作为模型的被解释变量。

（二）控制变量

制造业资本有机构成（capit）：各地区全部国有及规模以上非国有制造企业固定资产净值年平均余额除以制造企业从业人数。

人力资本状况（ski）：各地区制造业技术人员占从业人员的比重。

城市化水平（city）：各地区城镇人口占总人口的比例。

外资经营比重（wz）：各地区外资企业投资额与国内生产总值比重。

企业数目（num）：各地区国有及规模以上非国有制造企业总数。

固定资产（gdzc）：各地区全部国有及规模以上非国有制造企业固定资产净值年平均余额。

（三）解释变量

衡量流通功能拓展的解释变量主要通过组织和技术创新两个方面来衡量，流通组织创新使用数据包络方法得到的规模效率指数（smse）来衡量，流通技术创新使用技术进步指数（smte）来衡量。为研究技术创新扩散对制造业效率的影响，本章在式（4-6）解释变量中加入流通技术效率（effch）和纯技术效率（pech）。

三、实证研究方法与数据来源

本章以中国1999~2016年省份和行业相关数据构建面板模型进行计量检验，运用豪斯曼（Hausman）检验模型的固定效应和随机效应，使用2SLS和Davidson-MacKinnon检验和处理模型的内生性。为进一步验证结果的稳健性，在估计模型中引入不同的衡量流通组织创新和技术创新的解释变量。

在计算制造业全要素生产率时，需要选择相应的投入和产出指标。参照张杰等（2011）的方法，使用制造业生产总值作为其产出指标，使用固定资产总额和从业人员数作为制造业投入指标。制造业资产总额以永续盘存法计算而得，将1999年设定为基期，各年的固定资产额等于上年固定资产净额加上各年固定资产投资额减去资本折旧额，固定资产投资额按照各年固定资产投资价格指数进行平减，资产年折旧率设定为5%。本章实证研究所需数据来源于1999~2016年《中国统计年鉴》《中国工业经济年鉴》《中国科技统计年鉴》和中经网数据库。

第三节　实证分析结果

表4-5列出了流通功能拓展对制造业价值链效率影响的基本估计结果，模型（1）和模型（2）以流通业的Malmquist全要素生产率指数作为解释变量，模型（1）未加入控制变量，估计系数符号为正且通过1%的显著性水平

检验，但拟合平方和较低。模型（2）加入控制变量，估计系数符号为正且通过10%的显著性水平检验，模型拟合平方和有较大程度提升。模型（1）和模型（2）实证分析结果表明，流通业全要素生产率的提升对制造业价值链效率产生明显的促进作用。模型（3）以流通业技术进步指数作为解释变量，估计系数符号为正并通过1%的显著性水平检验，表明流通业技术进步对制造业价值链效率产生明显的促进作用。模型（3）的显著性水平有较大程度的提升，这主要由于全要素生产率包含技术进步和规模效率变化，而流通业全要素生产率计算和分解结果显示，1999～2016年我国流通业技术进步和规模效率在5个年度区间变化的方向相反，纯技术效率和规模效率分别在4个和5个年度区间恶化，这削弱了流通创新对制造业价值链效率的促进作用。

表4－5　　流通功能拓展对制造业价值链效率的影响：基本估计结果

解释变量	被解释变量：1999～2016年各省制造业技术进步指数							
	模型（1）	模型（2）	模型（3）	模型（4）	模型（5）	模型（6）	模型（7）	模型（8）
constant	0.602*** （0.042）	0.664*** （0.044）	0.602*** （0.042）	0.741*** （0.082）	0.727*** （0.036）	0.723*** （0.037）	0.591*** （0.035）	0.612*** （0.026）
Smtfe	0.064*** （0.026）	0.047* （0.028）	—	—	—	—	—	—
Smte	—	—	0.099*** （0.042）	—	—	—	—	—
Smme	—	—	—	−0.055 （0.080）	—	—	—	—
Effch	—	—	—	—	−0.038 （0.027）	—	—	—
Pech	—	—	—	—	—	−0.033 （0.027）	—	—
Cp	—	—	—	—	—	—	0.133*** （0.004）	—
Xfbh	—	—	—	—	—	—	—	0.013*** （0.003）

续表

解释变量	被解释变量：1999～2016年各省制造业技术进步指数							
	模型（1）	模型（2）	模型（3）	模型（4）	模型（5）	模型（6）	模型（7）	模型（8）
Ski	—	0.932 ** (0.388)	0.880 ** (0.384)	0.624 *** (0.391)	0.957 *** (0.374)	0.941 *** (0.373)	0.798 ** (0.368)	0.640 * (0.363)
Capit	—	5.5e-07 *** (6.7e-08)	0.2 *** (5.66e-06)	3.81 *** (0.735)	3.67 *** (0.711)	2.6e-07 *** (7.9e-08)	3.69 *** (0.700)	2.02 *** (0.774)
City	—	0.127 ** (0.055)	0.117 ** (0.054)	—	—	—	—	—
num	—	-0.113 *** (1.56e-02)	-0.103 *** (1.57e-02)	-7.30 *** (1.69)	-7.51 *** (1.67)	-7.61 *** (1.68)	-6.56 *** (1.67)	-7.95 *** (1.62)
gdzc	—	0.387 *** (4.92e-02)	0.349 *** (4.83e-02)	5.2e-07 *** (6.3e-08)	0.225 *** (5.6e-02)	0.23 *** (5.62e-02)	0.184 *** (5.65e-02)	0.206 *** (5.42e-02)
wz	—	0.011 *** (0.003)	0.011 *** (0.003)	0.009 *** 0.003	0.009 *** (0.003)	0.079 *** (0.073)	0.009 *** (0.003)	0.008 *** (0.003)
year	是	是	是	是	是	是	是	是
F	43.69	19.39	18.30	22.01	22.48	24.67	27.04	29.92
R^2	0.019	0.30	0.32	0.35	0.36	0.36	0.38	0.40
Hausman	0.0004	0.0009	0.0001	0.0006	0.0000	0.0005	0.0002	0.0001

注：***、**、*分别表示在1%、5%和10%的水平下显著。

模型（4）考察流通组织创新对制造业价值链效率的影响，结果显示流通业规模效率估计系数的符号为负且不显著。主要原因在于，我国流通创新不足影响制造业全要素生产率的提升。1999～2016年我国流通业规模效率年增长均值只有1%，其中在5个年度区间恶化（规模效率指数为负）。流通业不仅缺乏引导产销联动的大型企业集团，而且在供应链流程再造等方面的组织创新较少。此外，由于价值链的互动发展，制造业效率也会对流通组织创新产生影响。制造业效率的提升可能会产生生产性服务外包的需求，一些企业也会通过纵向一体化和产业融合推动流通组织创新。因此，流通业与制造业价值链活动的互动发展可能产生模型内生性问题，对流通组织创新的服务绩效需要进一步检验。模型（5）和模型（6）分别选用流通业技术效率和纯技术效率作为解释变量来反映流通技术创新的扩散，实证结果显示回归系数为负，未通过显著性水平检验。这说明流通业在技术创新推广方面存在较大不足，这弱化了流通业与制造业价值链互动发展，对制造业价值链效率并未产生显著的促进作用。

模型（7）和模型（8）考察流通制度创新对制造业价值链效率的影响，模型（7）和模型（8）分别选择产品市场发育程度指数和消费者权益保护指数作为反映流通制度创新的解释变量，回归结果显示产品市场发育程度和消费者权益保护回归系数的符号为正并都通过1%显著性水平检验，这表明流通制度创新有效地促进了制造业价值链创新能力和劳动生产率的增长。以价格由市场决定的程度，减少商品市场地方保护将有助于构造统一的国内市场，而消费者权益保护的将提升消费者甄别产品质量的能力和知识，提高产品需求水平和层次，流通制度创新为制造业提升全要素生产率和构建国内价值链营造有利的市场和制度环境。在关于模型固定效应和随机效应的 Hausman 检验结果上，除模型（7）豪斯曼检验的相伴概率在5%的水平上拒绝随机效应外，其余模型的豪斯曼检验相伴概率均在1%的水平上拒绝随机效应，因此模型（1）至模型（8）均选择固定效应解释实证分析结果。

由于制造业和流通业价值链活动的互动发展，制造业效率提升可能会对流通创新产生影响，产生模型的内生性问题。为克服模型的内生性，本节采用2阶段最小二乘法（2SLS）考察估计结果的稳健性，并运用 Davidson-MacKinnon 检验模型的内生性，结果见表4-6。

表4-6　流通功能拓展对制造业全要素生产率的影响：内生性和稳健性处理结果

解释变量	被解释变量：1999~2016年各省制造业技术进步指数					
	模型（1） 2sls	模型（2） 2sls	模型（3） 2sls	模型（4） 2sls	模型（5）	模型（6）
constant	0.505*** （0.077）	0.034*** （0.503）	0.204 （0.513）	0.723*** （0.132）	0.337*** （0.057）	0.579*** （0.047）
Smte	0.233*** （0.094）	—	—	—	—	—
Smtfe	—	0.946*** （0.397）	—	—	—	—

续表

解释变量	被解释变量：1999~2016 年各省制造业技术进步指数					
	模型（1）2sls	模型（2）2sls	模型（3）2sls	模型（4）2sls	模型（5）	模型（6）
Smme	—	—	1.391*** (0.516)	—	—	—
Effch	—	—	—	03367*** (0.120)	—	—
Ln（xesm）	—	—	—	—	0.041*** (0.008)	—
Ln（lsmd）	—	—	—	—	—	0.024*** (0.007)
Ski	0.765** (0.405)	1.064 (1.152)	0.996 (0.959)	0.981*** (0.416)	0.799** (0.360)	1.041* (0.414)
Capit	3.36*** (0.794)	6.16** (0.333)	2.85 (2.19)	3.43** (7.73)	7.73*** (7.62)	1.38*** (0.917)
num	-5.05*** (2.00)	-4.60 (5.57)	-4.71 (4.69)	6.78*** (1.83)	-5.59*** (1.55)	-5.26*** (2.13)
gdzc	0.143*** (6.65e-02)	0.164 (0.208)	8.94e-02 (0.163)	0.205*** (6.01e-02)	0.10** (5.35e-02)	0.123*** (6.47e-02)
Wz	0.012*** (0.004)	0.008 (0.011)	0.013 (0.009)	0.012*** (0.004)	0.014*** (0.003)	0.012*** (0.004)
year	控制	控制	控制	控制	控制	控制
DM（P）	0.0483	0.0014	0.0004	0.9738	—	—
F	17.30	0.37	0.66	19.49	24.52	11.51
R^2	0.31	0.13	0.28	0.34	0.45	0.29

注：***、**、* 分别表示在 1%、5% 和 10% 的水平下显著。

表4-6中模型（1）使用流通业技术进步指数的滞后一期数据作为工具变量，发现流通业技术进步对制造业价值链效率提升产生显著的促进作用。Davidson-MacKinnon 检验的 P 值为 0.0483，在 5% 的显著性水平拒绝“变量外生”的原假设。这表明，流通业技术进步是内生变量，制造业效率对流通业的技术进步存在内生性影响。模型（2）使用流通业全要素生产率的一期滞后数据作为工具变量，估计系数为正并通过显著性水平检验，DM 检验的 P

值为0.0014，在1%的显著性水平拒绝“变量外生”的原假设。这表明流通业全要素生产率的增长促进制造业价值链效率的提升，而制造业效率的提升也影响流通业效率的增长。

表4-6中模型（3）运用2SLS研究流通组织创新对制造业价值链效率的影响，选择流通组织创新的滞后一期作为工具变量，实证结果显示流通业规模效率估计系数符号为正并通过显著性水平检验，说明流通业的组织创新促进制造业价值链活动能力的增长。DM检验结果不能拒绝“变量外生”的原假设，表明规模效率是内生变量。模型（4）选择流通技术效率的滞后一期作为工具变量，运用2SLS研究流通技术效率对制造业劳动生产率的影响，估计系数仍未通过显著性检验。DM检验结果为0.97，不能拒绝原假设。运用同样方法检验纯技术效率模型，检验结果相似。这说明，纯技术效率和技术效率是外生变量，制造业的价值链创新对流通业技术效率没有内生性影响。从2SLS和DM检验结果可知，通过价值链互动发展，制造业效率影响流通业技术进步和规模效率的提升，流通技术进步和组织创新也促进制造业价值链效率提升。制造业效率与流通业的技术效率和纯技术效率之间并无显著的影响关系。

为进一步研究流通组织创新对制造业价值链效率影响结果的稳健性，模型（5）选用限额以上批发零售业销售额的对数值作为反映流通业组织创新的解释变量。由于现代流通企业大量采用连锁经营的组织创新，通过店铺的科学分布有效克服单店规模不经济，并充分利用规模经济和范围经济拓展辐射范围。因此，模型（6）选择连锁零售门店数的对数值作为解释变量。实证结果显示，模型（5）和模型（6）中解释变量系数为正并通过显著性水平检验。流通业通过组织创新不仅提升服务的专业化和规模经济水平，而且提高承接制造业产品服务外包的动态能力，这易使制造企业围绕自身价值链核心环节集中优势资源，从而推动产品价值增值和工艺、流程升级，最终提升制造业价值链创新能力和全要素生产率。模型（5）和模型（6）中Hausman检验概率分别为0.0000和0.0021，因此采用固定效应模型。

第五章

流通功能与顾客价值链互动发展机制与绩效

在顾客经济时代，流通业通过流通组织、技术和制度创新与顾客价值链互动发展，从而实现更高的顾客价值交付。本章研究流通功能与顾客价值链互动发展的机理，定量计算流通功能拓展对我国居民消费率的贡献度，并通过问卷调查数据，对中国城市商圈的扩张和阻抗因素进行实证分析。

第一节 流通功能与顾客价值链互动发展机制

顾客价值是顾客对产品的某些属性、属性的性能以及在具体情形中有助于达到其目标和意图的产品使用结果的感知偏好和评价（武永红、范秀成，2005）。顾客价值量的衡量是以顾客的感知价值减去顾客为获得此价值而付出的成本。从供应链角度，流通业处于最接近消费者的优势位置，借助流通创新，现代流通业围绕顾客需求，对各种价值创造活动进行有效的组合和整合，不仅为顾客提供更多的价值交付，也大大降低顾客获得相应产品服务价值的付出，因此创造出更高的顾客价值。

一、流通功能提升顾客价值

流通业通过组织和技术的创新，在服务业态上适应不同消费者的消费需求，通过产品品类和品种的科学组合以及严格的质量管理满足广大消费者对产品具体属性效能的需要，交付给消费者较高的产品价值。在服务价值上，现代流通业非常重视服务创新，通过科学选址和卖场购物氛围的营造为顾客创造优越的购物环境，使消费者获得购物之外的愉悦体验。超市、传统百货店、购物中心还通过卓越的售后服务提升顾客基于购物期望的满意度，在服务环节实现优异的价值交付。在人员价值上，现代流通业通过促销人员卓越和专业的售前服务，为顾客更全面细致地了解和掌握新产品的功能和特性。在售后环节，通过专业技术人员的安装、调试、维修极大地方便顾客对产品的使用，提升顾客在产品使用结果和目标的满意度。除此之外，在面向中间需求的顾客层面，流通业通过专业技术人员向制造商和中间商提供专家支持服务，包括产品设计、需求信息、物流和营销推广方案的设计，极大地提升制造商和中间商最终产品价值。在形象价值上，现代流通业通过组织和业态创新，结合现代商业交易技术，不断提升企业的品牌影响力，并形成企业独特的经营理念，如沃尔玛的“天天平价”，增加顾客的社会和情感价值。除了优秀的商贸企业品牌之外，流通业还通过地理位置的集聚形成辐射能力极强的商业街和城市商圈，不仅成为城市繁荣的象征，而且通过网络的外部性在感知层面赋予顾客更多的形象价值。一方面，商业集聚使大量产品、服务消费集中到城市交通便利的区域，消费者数量和新产品数量的增加，提升了消费者和生产者相互交易匹配的概率，这使商业组织集聚通过直接的网络外部性增加顾客价值；另一方面，集聚在商圈内各种商业业态在产品和服务上相互互补，满足顾客多样化和个性化消费需求，从而通过间接网络外部性增加顾客价值。

流通功能拓展还延伸顾客的情感和社会价值，从而通过产品、服务、人员、形象等各个层面影响顾客感知价值的认知，极大地激发顾客购买行为，并通过流通创新驱动顾客价值链创新，形成围绕顾客需求的价值创造和交付系统，不断提升顾客满意度和顾客忠诚度。

随着收入、年龄和消费潮流的变化，顾客价值具有较强的动态性。现代流通业借助先进信息技术对顾客需求进行系统分析，通过专业技术人员研究消费潮流，对产品的工艺、流程和设计进行研发，从而准确地把握消费需求信息。同时，通过供应链战略联盟等流通组织创新形式与制造商、中间商实现信息共享和协同创新，运用敏捷制造和大规模定制等方式快速响应消费需求，实现顾客价值持续动态增长。

随着收入水平和物质精神需求的增长，顾客价值链由传统水平型向组合型和系统型转变。围绕顾客价值链的这种转变，现代流通业通过流通创新，对相关产品和服务进行有效组合，不断衍生新的服务内容，以复合型的营销组合策略适应顾客价值链转变。如超市、购物中心与电信运营商合作，向顾客定期发送邮件和手机促销短信，使顾客及时了解商家的产品促销信息。大型超市在卖场内部及周围招租餐饮店、专卖店，形成以大卖场为核心的综合购物广场，充分利用大卖场的品牌、产品和服务吸引广大消费者入场，同时在餐饮、休闲和购物上满足顾客多样化、一站式购物的需求，极大地提升现代都市消费者的时间价值，适应顾客组合价值链的变化。

二、流通功能降低顾客感知利失

顾客感知利失是顾客为获得相应价值而花费的货币、时间、体力、交通等耗费，也包括购物中的风险、交易成本等因素，顾客感知利失的减少将提升顾客价值。现代流通业作为专业化的交易组织者，通过分工深化不断降低交易成本，并通过流通组织创新和技术创新大大降低顾客利失，提升交易效率。

首先，价格是影响顾客感知利失的关键因素。现代流通业通过流通组织创新（如连锁经营、供应链战略联盟）增强企业资本实力，以品牌、采购数量获得较高的议价能力，降低产品采购价格。批发业的转型和创新，通过分行划市和规范管理，强化批发业竞争和价格披露和形成机制，一些专业批发市场还定期发布商品价格指数。物流和信息技术的应用进一步降低产品运输、配送和储存费用，自有品牌等经营策略不断提升商贸服务企业规模经济和范围经济力量，从而促使商贸服务企业通过组织和技术创新降低产品销售价格，在价格上减少顾客感知利失。产品价格直接受供求波动因素的影响，现代流通业通过信息技术提升库存管理水平，对于一些供给受天气、季节影响较大的产品，流通企业还通过组织和技术创新来稳定产品供给，消除不利因素对产品价格的影响。以农产品为例，流通企业通过多种形式的农产品对接方式的创新，不仅降低流通环节费用，而且稳定了农产品的供给和价格。一些实力较强的流通企业还建立农产品生产基地，并通过农产品生产保险、采购订单协议等制度创新提升广大农户的生产积极性，降低农产品生产风险，有效地稳定农产品价格波动幅度。

其次，通过组织和技术创新，流通业降低顾客时间、交通和体力耗费。大型超市通过科学选址和宽品类、多品种的产品组合满足顾客一站式购物需求，极大地减少顾客时间、交通和体力上感知利失。一些大卖场还根据城市居民区的分布，推出购物班车，从而克服商圈的物理距离限制，有力地拓展辐射范围。一些实力较强的流通企业集团还积极开发便利店、社区店等新型业态，在居民区附近提供零售服务，在时间上与大卖场形成互补，进一步降低顾客感知利失。

再次，流通业还通过服务和技术创新，塑造了卓越的企业品牌，并在多次交易中赢得顾客信赖和顾客忠诚。通过品牌醒目的名称和统一的标识，现代流通业有效地降低顾客购买风险和搜寻成本，减少阻碍顾客购买的心理因素，卓越的品牌还有助于流通企业增进顾客对新产品和自有品牌产品的信心。除了品牌以外，电子商务的广泛应用将不同空间中交易主体联系在一起，有效地缩短交易时间，并通过支付技术的创新降低顾客的交易风险，提升交易效率。

最后，流通业还通过空间扩张将流通创新扩散到更加广泛的区域，不仅拓展流通业的辐射范围，而且通过流通创新的扩散降低更多消费群体的感知利失。以我国“万村千乡市场工程”为例，由于农村流通系统的落后，农村居民面临“卖难”和“买难”的双重困境，农村日用消费品在质量、品种、价格上难以满足农民的需要。假冒伪劣的日用消费品和农业生产资料严重侵害了农村居民利益，并制约农村消费市场的开拓。但自2005年我国深入开展“万村千乡市场工程”以来，农村流通体系建设得到普遍提升，连锁经营方式在农村市场得到迅速推广，与农村居民生活和生产关系密切的日用消费品、农药、化肥等产品质量得到有效保证。农村流通组织的创新不仅降低农村居民的购买风险，而且有效地促进农村消费的增长。城乡双向流通体系的构建使得多种形式的农产品对接模式的创新降低农产品销售的困难，为农民增收提供有力的支持。流通功能拓展的空间扩散降低农村居民的感知利失，驱动广大农村消费者顾客价值的提升。

第二节　流通功能拓展促进居民消费的影响效应分析

流通业通过流通功能拓展，驱动顾客价值链的创新，在影响效应上直接表现为显著促进居民消费的增长。为了检验流通创新对居民消费的影响效应，本节在钱纳里消费模型基础上加入反映流通创新的解释变量，构建面板数据模型，实证检验流通功能拓展对居民消费的促进作用。

一、实证研究设计

（一）模型设定、变量说明与数据来源

实证分析将反映流通创新的解释变量引入钱纳里消费模型，以技术进步和规模效率指数作为衡量流通技术创新和组织创新的解释变量。模型设定为式（5－1）。

$$consume_{it} = \alpha_i + \beta_1 \ln Y_{it} + \beta_2 (\ln Y_{it})^2 + \beta_3 \ln N_{it} + \beta_4 (\ln N_{it})^2 + \beta_5 Inp_{it} + \beta_6 SM_{it} + \lambda_t + \varepsilon_{it} \quad (5-1)$$

式（5－1）中被解释变量 consume 是反映居民最终消费率的指标，以各地区居民最终消费与国内生产总值比例来表示。控制变量包括 lnY、lnN、$(\ln N)^2$、$(\ln Y)^2$、INP。lnY 为各地区人均国民生产总值的自然对数值，lnN 为各地区人口的自然对数值，INP 为各地区净进口。模型中 SM 是反映流通创新的解释变量集合，主要是通过数据包络方法（DEA）计算的流通业全要素生产率（smtfe）及其分解指数，包括规模效率指数（smse）、技术进步指数（smte）、技术效率指数（effch）和纯技术效率指数（Pech）。各变量具体数据来源于 1999～2016 年《中国统计年鉴》。在式（5－1）中，下标 i 表示省份，t 表示年份，α_i 表示省市固定效应，λ_t 表示年份固定效应，ε_{it}表示随机

扰动项。

（二）实证研究方法

本节实证分析以中国1999~2016年省份相关数据构造面板模型进行计量检验，运用2阶段最小二乘法（2SLS）和动态面板广义矩（GMM）方法克服模型内生性，并通过引入反映流通创新的不同解释变量，减少衡量偏误的影响并检验估计结果的稳健性。流通业全要素生产率及其分解来源于本书第三章相关计算结果。

二、实证分析结果

表5-1为流通功能拓展促进居民消费的实证分析结果，模型（1）是钱纳里模型的估计结果，人口与人均收入对数值为负，而相应平方项为正，净进口回归系数为正，除人均收入对数值平方项外，其他控制变量均通过显著性水平检验，这与钱纳里大国消费模型的结果一致，说明钱纳里消费模型在我国具有较好的适用性。

表5-1　　流通功能拓展影响居民消费率的基本估计结果

解释变量	被解释变量：居民最终消费率（consume）					
	模型（1）	模型（2）	模型（3）	模型（4）	模型（5）	模型（6）
constant	979.318*** (201.361)	1093.486*** (204.096)	982.547*** (201.676)	979.505*** (201.662)	1001.05*** (203.018)	544.839*** (68.035)
LnY	-26.405** (10.858)	-28.658*** (10.780)	-26.774** (10.889)	-26.594*** (10.883)	-26.383** (10.863)	-60.578*** (8.774)
$(LnY)^2$	0.866 (0.585)	0.986* (0.580)	0.889 (0.587)	0.877 (0.586)	0.862 (0.585)	2.725*** (0.462)
LnN	-234.865*** (54.295)	-262.591*** (54.784)	-235.068*** (54.362)	-234.381*** (54.389)	-241.031*** (54.788)	-39.221*** (13.604)
$(LnN)^2$	17.365*** (3.726)	19.079*** (3.746)	17.376*** (3.702)	17.306*** (3.734)	17.813*** (3.763)	2.358*** (0.895)
Inp	0.0007* (0.0004)	0.0008** (0.0004)	0.0008* (0.0004)	0.0008*** (0.0004)	0.0008** (0.0004)	0.0002 (0.0003)

续表

解释变量	被解释变量：居民最终消费率（consume）					
	模型（1）	模型（2）	模型（3）	模型（4）	模型（5）	模型（6）
Smse	—	6.819*** (2.624)	—	—	—	—
Smte	—	—	1.230 (2.086)	—	—	—
effch	—	—	—	0.559 (1.302)	—	—
Pech	—	—	—	—	1.234 (1.429)	—
smtfe	—	—	—	—	—	0.694 (1.291)
year	控制	控制	控制	控制	控制	控制
F	97.86	84.39	81.41	81.34	81.60	81.27
R^2	0.641	0.649	0.642	0.641	0.642	0.610
Hausman	0.018	0.0000	0.0000	0.0000	0.0000	0.071

注：***、**、*分别表示在1%、5%和10%的水平下显著。

模型（2）以流通规模效率指数作为解释变量，实证结果显示估计系数符号为正并在1%水平下具有统计显著性。模型（3）以流通业技术进步指数作为解释变量，检验结果显示估计系数符号为正但未通过显著性水平检验。模型（4）至模型（6）分别以流通业技术效率、纯技术效率指数和全要素生产率指数作为解释变量，实证结果显示估计系数符号为正但不具有统计显著性。模型（3）至模型（6）的结果表明，流通业技术进步促进居民消费的增长的作用似乎并不显著。原因可能在于：一方面流通业发展与消费之间双向因果关系产生模型内生性问题，另一方面，结合流通业全要素生产率分解的结果，可以发现我国流通业在技术创新推广上存在较大不足，这弱化流通技术创新对居民消费的促进作用，关于流通技术创新对居民消费率影响需要深入验证。

模型（1）至模型（6）中控制变量估计结果与钱纳里大国消费模型一致，在模型固定效应和随机效应 Hausman 检验结果上，模型（6）的豪斯曼检验相伴概率在10%水平拒绝随机效应，其余模型豪斯曼检验相伴概率均在1%水平上拒绝随机效应。因此，模型（1）至模型（5）均以固定效应解释实证分析结果，模型（6）选择随机效应解释实证分析结果。

由于流通创新与消费率之间的相互因果关系，可能产生模型内生性问题。为克服因此造成的偏误，本节运用二阶段最小二乘法（2SLS）和动态面板中广义矩（GMM）的方法进一步验证流通创新对居民消费率的影响，估计结果见表5-2。

表5-2　模型内生性处理：2SLS和GMM的估计结果

解释变量	被解释变量：居民最终消费率（consume）					
	模型（1） 2SLS	模型（2） DIF-GMM	模型（3） SYS-GMM	模型（3） 2SLS	模型（5） DIF-GMM	模型（4） SYS-GMM
constant	1141.645*** (266.149)	1683.55*** (358.103)	574.915*** (29.026)	1300.81*** (225.868)	1300.81*** (225.868)	506.962*** (48.413)
LnY	-28.091** (14.552)	-84.915*** (7.313)	-77.081*** (4.018)	-34.929*** (12.837)	-70.609*** (7.023)	-68.828*** (6.633)
$(LnY)^2$	0.939 (0.779)	3.950*** (0.399)	3.796*** (0.208)	1.308** (0.689)	3.015*** (0.364)	3.250*** (0.350)
LnN	-270.171** (70.952)	-316.867** (93.681)	-46.272*** (6.354)	-306.009*** (59.781)	-315.772*** (95.347)	-3.042*** (0.599)
$(LnN)^2$	19.655*** (4.836)	20.684*** (5.918)	3.022*** (0.444)	21.874*** (4.085)	21.598*** (5.883)	29.506*** (8.861)
Inp	0.001** (0.005)	0.002*** (0.0002)	0.002*** (0.0015)	0.001*** (0.0005)	0.002*** (0.0003)	0.001*** (0.0001)
Smse	-18.688** (8.103)	16.010*** (1.610)	13.410*** (0.984)	—	—	—
smte	—	—	—	-4.281 (4.647)	6.436*** (1.504)	4.293*** (1.748)
year	控制	控制	控制	控制	控制	控制
F	16.53	—	—	22.13	—	—
R^2	0.531	—	—	0.654	—	—
DM（P）	2.5e-05	—	—	0.765	—	—
AR(2)(P)	—	0.0896	0.2610	—	0.4385	0.0736
Sargan(P)	—	0.6304	0.9944	—	0.8105	0.9897

注：***、**、*分别表示在1%、5%和10%的水平下显著。（P）表示检验P值。

表5-2中模型（1）运用2SLS估计流通组织创新对居民消费率的影响，选择流通业规模效率指数滞后一期作为工具变量，DM检验P值在1%水平拒绝模型外生的原假设，说明存在内生性问题。但估计系数符号为负，工具变量选择可能不当。模型（2）和模型（3）分别采用动态面板中差分广义矩（DIF-GMM）和系统广义矩（SYS-GMM）方法，选择流通业规模效率指数滞后一期和滞后二期作为工具变量。结果显示，流通组织创新估计系数符号为正并通过显著性水平检验。模型（2）和模型（3）中扰动项差分自相关检验结果拒绝相关系数为0的原假设，而Sargan检验结果均不能拒绝工具变量有效的原假设，这说明模型（2）和模型（3）可以使用相应广义矩估计方法。动态面板估计结果表明，流通组织创新对居民消费率具有显著促进作用，这进一步支持表5-1中的估计结果。

模型（4）选择流通业技术进步指数滞后一期作为工具变量，运用2sls估计流通技术进步对居民消费率的影响，DM检验结果不能拒绝模型外生的原假设。与模型（1）相似，流通技术进步估计系数符号为负，工具变量选择可能不当。模型（5）和模型（6）分别是采用DIF-GMM和SYS-GMM方法的估计结果，选择流通业技术进步指数的滞后一期和滞后二期作为工具变量。结果显示，流通技术进步估计系数符号为正并在1%水平上具有统计显著性。而扰动项差分自相关检验和Sargan检验结果均支持广义矩估计方法。另外，在采用动态面板中广义矩估计方法后，模型（1）至模型（6）中控制变量统计显著性也得到明显提高。动态面板的估计结果表明，流通技术进步对居民消费率具有显著促进作用。为消除衡量偏误可能造成的偏差，同时也进一步验证相关估计结果的稳健性，本节在模型（1）中引入反映流通创新的不同解释变量，估计结果见表5-3。

表5-3　流通功能拓展促进居民消费率的稳健性估计结果

解释变量	被解释变量：居民最终消费率（consume）					
	模型（1）	模型（2）	模型（3）	模型（4） SYS-GMM	模型（5） SYS-GMM	模型（6） SYS-GMM
constant	1091.71*** (208.208)	602.018*** (71.838)	802.435*** (334.834)	546.421*** (55.123)	546.421*** (55.123)	556.429*** (55.373)
LnY	-21.484** (11.084)	-61.487*** (8.677)	-36.078* (19.671)	-71.972*** (8.262)	-57.245*** (11.682)	-75.118*** (7.949)

续表

解释变量	被解释变量：居民最终消费率（consume）					
	模型（1）	模型（2）	模型（3）	模型（4）SYS-GMM	模型（5）SYS-GMM	模型（6）SYS-GMM
$(LnY)^2$	0.586 (0.598)	2.611*** (0.461)	1.332 (1.028)	3.495*** (0.442)	2.710*** (0.611)	3.602*** (0.424)
LnN	-263.402*** (55.904)	-51.369*** (14.489)	-177.424** (82.648)	-39.674*** (6.247)	-27.890*** (5.842)	-34.628*** (6.719)
$(LnN)^2$	18.805*** (3.777)	3.009*** (0.929)	13.709*** (5.471)	2.593*** (0.435)	1.791*** (0.396)	2.260*** (0.462)
Inp	0.0008** (0.0004)	0.0003 (0.0004)	0.001*** (0.0004)	0.003*** (0.0002)	0.002*** (0.0001)	0.002*** (0.0001)
Plbz	1.233** (0.624)	—	—	—	—	—
Ln（lspf）	—	0.020** (0.011)	—	—	—	—
lsyymj	—	—	0.618** (0.263)	—	—	—
smtfe	—	—	—	2.387*** (0.778)	—	—
effch	—	—	—	—	3.815*** (0.812)	—
Pech		—	—	—	—	0.331 (1.272)
year	控制	控制	控制	控制	控制	控制
F	83.07	82.26	33.17	—	—	—
R2	0.646	0.614	0.579	—	—	—
Hausman	0.0102	0.1175	0.0033	—	—	—
AR(2)(P)	—	—	—	0.0871	0.0665	0.0419
Sargan（P）	—	—	—	0.9931	0.9965	0.9975

注：***、**、* 分别表示在1%、5%和10%的水平下显著，（P）表示检验P值。

表5-3中，模型（1）至模型（3）分别引入限额以上批发零售业销售额占社会零售商品总额比重、限额以上批发零售业销售额的自然对数、连锁零售业营业面积的自然对数作为解释变量，结果显示这些反映流通组织创新的估计系数符号为正且通过显著性水平检验，这验证了流通组织创新促进消费率提升的稳健性。

表5－3中模型（4）至模型（6）分别选用流通业全要素生产率指数、技术效率指数和纯效率指数作为解释变量，运用动态面板的系统广义矩方法的估计结果显示，流通业全要素生产率指数、技术效率指数符号为正并具有统计显著性，而AR（2）和Sargan检验结果也均支持系统广义矩估计。这进一步验证流通技术进步促进居民消费率提升的结论，表5－1和表5－2中相关估计结果较为稳健。纯效率指数未通过显著性水平检验，说明现阶段流通技术创新的推广并未对居民消费率起到显著的促进作用。我国流通技术创新推广还存在较大不足，现代流通交易、配送技术在农村普及程度还有待提升。

本节在钱纳里大国消费模型基础上引入流通创新的相关解释变量，运用1999～2016年中国省级面板数据实证检验流通创新提升居民消费率的作用。实证研究结果表明，流通组织创新和技术进步对居民消费率产生显著的促进作用，而流通技术创新推广对中国居民消费率的作用并不具有统计显著性。本节实证结果还表明，流通业组织创新和技术进步推动其全要素生产率的增长，而流通效率的提升进一步扩大居民消费。本节还运用2SLS和动态面板的GMM估计方法处理模型的内生性问题，并引入不同解释变量克服衡量偏误的影响，实证结果进一步支持以上基本分析结论，表明本节实证结果具有较好的稳健性。

本书结论的政策意义较为明显，在构建扩大内需和消费长效机制的过程中应充分重视和发挥流通业基础产业的作用，继续推动流通组织创新和技术进步有助于提升居民消费率。目前，我国流通业技术创新的扩散还存在较大不足，城乡流通体系之间广泛存在差异，应在农村流通体系中大力推广现代物流、电子商务等技术。此外，政府还应重视信息网络技术在中小流通企业和经济欠发达地区中推广工作，以此提升流通技术创新扩散速度和成效，更好地发挥流通创新扩大消费的作用。

第三节　中国城市商圈的扩张和阻抗因素

随着流通创新的深入发展，零售商借助组织和技术创新不仅极大地扩展了营业面积，从几百平方米的标准超市扩大到几万平方米的大型购物广场，在品类、服务和购物环境上传递给消费者卓越的顾客价值。同时，不同类型和业态的商店聚集在一起，形成城市商圈，这是流通创新在空间布局上的集中表现。另外，随着中国城市化进程的加快，人口规模和收入水平不断提升，单个综合性商圈已经难以满足居住在不同区域和偏好人群的消费需要。很多城市在交通便利的区域积极引入各种零售业态，开发建立新的城市商圈。因此，研究城市不同商圈吸引和阻抗消费者的因素比研究单一的两个店铺更有现实意义，本节在问卷调查的基础上研究中国城市商圈扩张和阻抗因素。

一、城市商圈的理论分析

商圈是现代流通业的空间集聚形态，是一个城市最先进的流通业态的组合，为广大消费者提供高质量的顾客价值，同时也通过价值链互动发展，推动制造业和顾客价值链创新。

根据商圈理论研究中普遍使用的哈夫模型（Huff，1966），消费者选择某个零售店铺主要受两个方面因素的影响：一是购物场所对消费者的吸引力，即商店效用，主要指的是商店的营业面积；二是阻抗消费者去购物场所的各种阻力因素，包括物理距离（购物距离）、时间距离（购物时间）、心理距离（购物舒适程度）。零售店铺给予消费者效用为 A_J，从地点 i 到 j 的阻力为 R_{ij}，则消费者选择该店铺的概率为：

$$P_{ij}=\frac{A_j}{R_{ij}} \tag{5-2}$$

如果考虑人口的地理分布，假定某地消费者数目为 H_i，则零售店铺的市场份额为 $M_i=P_{ij}\times H_i$。如果考虑购买力因素，假定某地消费者收入水平为 Q_i，零售店铺的市场份额又可写成 $M_i=P_{ij}\times H_i\times Q_i$。

二、实证研究设计

（一）研究假设

根据赖利法则和哈夫模型，结合顾客价值链的相关理论，本节假设一个城市存在两个商圈，顾客选择两个商圈的概率取决于两个方面的因素。一是商圈对顾客产生的吸引力，包括购物环境、品类的丰富程度、产品价格、服务等。另一方面是阻抗消费者选择商圈的因素，包括距离、时间耗费、心理因素等。除一些一线城市和省会城市以外，目前中国大部分城市主要形成两个商圈，一是在传统的商业中心基础上延伸发展的城市主商圈，受历史、生活习惯的影响，城市主商圈仍然是大部分城市居民购物和消费的重要区域。另一个则是在城市发展过程中，在新的人口集聚和交通便利的区域开发建立的城市次商圈。老商圈受地理空间的限制，引入的新型业态相对新商圈较少，但通过整合和重组，补充和引入一些引领消费潮流的业态和服务。由于新城市商圈周围是城市新近聚集的人口，大多为20岁以上的上班族人群，收入水平较高，消费观念比较符合现代潮流。另外，新商圈的建立受前期店铺的影响较少，可通过引入更多的新型业态融入更多休闲和文化元素。因此，本文基本假设是较为符合中国目前大多数城市商圈布局，这样的假设和推论也可以推广到存在两个以上商圈的城市。

（二）实证研究思路与方法

本章采取实地调查研究和计量分析相结合的方法，选取蚌埠市作为实证调查对象。蚌埠市是安徽省北部的商贸重镇，蚌埠最主要的商业中心主要集中在以淮河路为中心的城市主商圈以及宝龙城市广场为中心的城市次商圈。淮河路城市主商圈汇集百货大楼、华运大卖场、天洋购物中心及百大购物中心等综合和专业零售业态，周边配置多条综合专业商业街。而以宝龙城市广场为核心的城市次商圈集中了家乐福、乐购、沃尔玛三家大型外资大卖场和来雅百货商场，周边设置了现代化的淮河文化广场、万达和横店影剧院及多家大型KTV，还有满足现代信息网络需求的宝龙数码城等，城市次商圈也设置如吉百顺儿童城等多家专业旗舰店。因此，蚌埠主次商圈在业态分布和服务功能上也符合前文假设。

在调查对象的选择上，本书选择介于两个城市商圈之间的样本，这是为了控制距离对消费者商圈选择的影响，如果距离一个商圈过近而距离另一个商圈过远将影响研究结论的可信度。运用经典商圈理论和模型分析，针对影响消费者商圈选择的引力和阻抗因素，我们设计调查问卷，选择5级李克特量表作为选项。调查研究共发放问卷400份，剔除无效问卷29份，有效问卷为371份。首先利用probit模型和logit模型对商圈影响因素的解释变量进行基本回归，其次考察各解释变量对商圈选择概率的边际效应。

（三）实证模型设定

实证模型设定上选择probit模型和logit模型，模型被解释量是消费者对城市商圈的选择，要么选择城市主商圈，要么选择城市次商圈。具体设定形式如下：

$$Y = \beta_0 + \sum_{i=1} \beta_i x_i + \varepsilon \tag{5-3}$$

$$P(Y = 1 | X) = F\left(\beta_0 + \sum_{i=1} \beta_i x_i\right) \tag{5-4}$$

其中，Y为被解释变量，为消费者选择城市主商圈的概率（P），若一个消费者选择城市主商圈，则为1，若选择城市次商圈，则为0。x代表城市商圈对消费者引力或阻抗因素的变量集合，β_0为常数项，β_i为估计系数，ε为误差项。

（四）变量选择

依据前文的商圈理论分析，实证模型主要有以下解释变量。

（1）交通便捷程度（conve）：消费者去商圈的交通便捷程度；

（2）购物环境（environ）：城市商圈购物环境对消费者吸引程度；

（3）设施完善程度（facility）：城市商圈在购物、休闲、娱乐设施的完善和先进程度；

（4）品类组合（variety）：城市商圈在商品品类组合完整程度；

（5）服务（service）：城市商圈在售前、售中、售后过程中的服务水平和人员服务态度；

（6）价格（price）：城市商圈的商品销售价格高低；

（7）质量（quality）：城市商圈的商品质量高低；

（8）收入（income）：家庭月收入等级划分。以2000～10000元为范围划分5级，0～2000元为1，10000元以上为5；

（9）年龄（age）：以20～60为范围划分5级，20岁以下为1，60岁以上为5；

（10）学历（degree）：以初中至研究生为范围划分5级，初中以下为1，研究生以上为5；

（11）性别（gender）：男性为1，女性为2。

按照解释变量排列顺序，模型具体的设定形式为：

$$Y = \beta_0 + \beta_1 dis + \beta_2 env + \beta_3 fac + \beta_4 ser + \beta_5 var + \beta_6 pri + \beta_7 qua + \beta_8 inc + \beta_9 age + \beta_{10} deg + \beta_{11} gender + \varepsilon \quad (5-5)$$

（五）变量的描述性统计

从问卷中城市主次商圈变量的描述性统计分析来看，在新城市商圈比城市主商圈方便的问卷选项中，5.8%的消费者表示“很不同意”，42.1%的受访者表示“不同意”，认为差异不大的消费者占28.4%，“同意”城市新商圈比主商圈方便的消费者占调查样本总量的21.6%，回答“很同意”的占1.9%。城市主次商圈其他变量的比较如表5－4所示。调查样本中，男性232人，占56.8%，女性176人，占43.1%；月收入在2000元以下96人，占25.9%；2000～4000元84人，占20.6%；4000～6000元124人，占30.3%；6000～8000元48人，占11.8%；8000元以上20人，占4.9%。

表5－4　　城市主次商圈调研结果的比较

问卷结果	方便性	购物环境	设施	品类组合	服务	价格	质量
很不同意	24	4	4	0	4	8	0
百分比（%）	5.8	0.9	0.9	0	0.9	1.9	0
不同意	172	60	80	108	64	52	56
百分比（%）	42.1	14.7	19.6	26.5	15.7	12.7	13.7
一般	116	124	164	184	172	172	224
百分比（%）	28.4	30.29	40.2	45.1	42.2	42.2	54.9
同意	88	196	140	104	172	156	188
百分比（%）	21.6	48.0	34.3	25.5	42.2	38.2	46.1
很同意	8	24	20	8	8	24	0
百分比（%）	1.9	5.9	4.9	1.9	1.9	5.9	0

资料来源：调研问卷资料。

（六）问卷的信度和效度分析

为了考察问卷的信度和效度，本书通过计算 Cronbach's α 系数来衡量本书调查量表中的变量的可靠性。结果显示，商圈选择的调查问卷中各变量的 Cronbach's α 系数为 0.747，这表明商圈问卷的信度较好。在效度分析中，我们对量表实行探索性因子分析，分析结果如表 5－5 所示，从中可以明显得到两个因子，因子 1 与环境、服务、功能、质量和多样性关系较大，可定义为吸引力因子，因子 2 与价格和距离关系较大，可定义为阻抗因子，因子解释总方差达到 50.84%，表明量表具有良好的效度。

表 5－5　城市商圈问卷的探索性因子分析

变量	因子 1（引力）	因子 2（阻抗）
conve	－0.0468	0.8252
environ	0.7058	－0.1242
facility	0.6401	－0.4809
Service	0.3369	0.4859
variety	0.7546	0.1319
price	0.2411	0.6454
quality	0.5562	0.0274
方差解释力（%）	28.01	22.83

三、实证研究结果

表 5－6 是利用 probit 模型和 logit 模型的实证分析城市商圈扩张和阻抗因素的结果，probit 模型和 logit 模型中主要解释变量的符号和显著性水平差异并不大。从中可以看出，购物方便性显著影响居民选择新城市商圈的决策，而这主要取决于新规划城市商圈时科学的选址和便捷的交通。同时，一些大卖场还推出购物班车，极大地降低消费者在时间和体力上的耗费，如蚌埠市的沃尔玛、家乐福、乐购三家外资超市，而城市主商圈的中资超市并未提供此项服务。

购物环境的估计系数符号为负并通过显著性水平检验，这表明相对城市主商圈，新城市商圈购物环境还有待提升。城市主商圈集中多家现代化的购物中心和传统百货店、专业店，在购物环境上更能吸引广大消费者。综合设施的估计系数符号为正并通过显著性水平检验，新城市商圈配置更多的娱乐、餐饮和商务设施，满足顾客一站式购物需要，融入更多的文化和休闲元素，在服务功能和综合设施上传递给消费者更多的顾客价值。

表 5－6　　城市商圈吸引和阻抗因素的实证分析

解释变量	被解释变量（消费者选择城市商圈的概率）		dy/dx	
	模型（1）probit	模型（2）logit	模型（3）probit	模型（4）logit
conve	0. 533 *** (0. 188)	0. 912 *** (0. 329)	0. 259 *** (0. 082)	0. 272 *** (0. 088)
environ	－0. 427 ** (0. 218)	－0. 725 * (0. 379)	－0. 209 ** (0. 096)	－0. 219 ** (0. 105)
facility	0. 537 *** (0. 223)	0. 946 ** (0. 391)	0. 272 *** (0. 098)	0. 295 *** (0. 109)
service	－0. 248 (0. 206)	－0. 405 (0. 367)	－0. 130 (0. 086)	－0. 133 (0. 095)
variety	0. 461 * (0. 245)	0. 778 * (0. 419)	0. 224 ** (0. 105)	0. 232 ** (0. 112)
price	0. 368 * (0. 208)	0. 685 * (0. 367)	0. 159 ** (0. 088)	0. 180 ** (0. 095)
quality	0. 149 (0. 264)	0. 163 (0. 480)	0. 026 (0. 109)	0. 021 (0. 126)
income	0. 136 (0. 151)	0. 235 (0. 252)	0. 066 (0. 063)	0. 068 (0. 066)
age	－1. 091 ** (0. 507)	－1. 865 ** (0. 856)	－0. 460 ** (0. 217)	－0. 486 ** (0. 228)
degree	－0. 082 (0. 346)	－0. 154 (0. 563)	0. 032 (0. 144)	0. 032 (0. 147)
gender	0. 874 *** (0. 343)	1. 438 ** (0. 592)	0. 343 *** (0. 134)	0. 349 *** (0. 143)
constant	－2. 137 (2. 124)	－3. 675 (3. 559)	—	—

注：***、**、* 分别表示在 1%、5% 和 10% 的水平上显著。

服务功能的估计系数符号为负并未通过显著性检验，这说明新城市商圈相对城市主商圈服务功能和水平还有待提升，而老城市商圈经过长期的历史积淀，服务功能比较全面并成为城市的商业名片。在一些一线城市更是如此，如北京的西单、王府井、前门大街和上海的南京路，这些城市主商圈通过卓越的服务赢得消费者对其信誉、品牌的顾客忠诚，在传统百货店、现代购物中心、专业店等方面售前、售中和售后服务上拥有丰富的经验和专业化的团队。因此，城市主商圈在顾客服务功能上更加具有比较优势和竞争优势，新城市商圈综合服务功能和水平有待进一步提升。

品类组合的估计系数符号为正并通过显著性检验，说明品类组合是城市商圈扩张的显著因素。这主要由于被调查样本（蚌埠）的城市新商圈中汇集了沃尔玛、家乐福和乐购三家大型超市，拥有多家销售汽车、数码、电子产品的专业店和专业商城，并在一些引领消费潮流的高档产品上配备专业店和旗舰店，在品类组合上相对城市主商圈更加丰富，城市主商圈受地理和空间限制，在新型业态引进上存在局限。

价格的估计系数符号为正且通过显著性水平检验，说明新城市商圈相对城市主商圈价格上具有比较优势，新城市商圈集中了大型外资零售业态，由于其本身资本较为雄厚，对上游制造商与供应商具有较强的议价优势，从而以低廉的零售价格的降低消费者的货币支出，最为典型的是以沃尔玛为代表的“天天平价”策略。除了外资大卖场以外，新城市商圈零售业态多以中小型百货店、专业店为主，在同一区域内竞争比较充分，因此形成较好的价格形成与披露机制。城市主商圈由于地理位置较为优越，向外扩张的空间有限，稀缺的店址和商业用地推动商品零售价格的提升，因此在价格上削弱了对消费者的吸引力。质量的估计系数符号为正但未通过显著性水平检验，说明新城市商圈与城市主商圈在产品质量上差距不大，质量不是影响新城市商圈扩张的主要因素，也不是城市主次商圈产品差异化的主要来源。

在控制变量的检验结果上，收入的估计系数符号为正，学历估计系数符号为负，但均未通过显著性水平检验，年龄的估计系数为负且通过显著性水平检验，性别的估计系数为正并通过显著性水平检验，这说明年龄和性别是影响城市商圈吸引力的显著因素。年纪较轻的顾客接受新的消费潮流和观念较快，更重视购物之外的体验，而新城市商圈众多的娱乐、休闲、文化设施更能满足年轻消费群体的价值需求，对其吸引力也更大。而女性消费者更偏爱购物和逛街为其带来的身心愉悦的体验，新商圈便捷的交通以及完善的配套设施更能吸引女性消费群体。

从各解释变量边际效应的估计结果看，商圈属性中购物方便性、综合设施、品类组合、产品价格的边际效应较大，消费者特征中年龄和性别因素对商圈选择概率的边际效应较大，商圈属性中服务和质量因素边际效应不明显。各解释变量边际效应的估计结果表明，我国城市商圈中服务差异化并不明显，商圈中扩张因素主要来源于选址和城市发展规划带来的购物便利性以及商业设施、业态、品类组合产生的综合辐射效应。

第六章

我国流通业空间布局优化机理

流通业的空间布局不仅关系城市和农村商业网点的科学设置，而且影响流通创新与制造业企业价值链和顾客价值链相互作用效果。同时，流通业布局优化也是流通创新在空间范围的延伸和扩展。随着中国城市化进程加快和农村流通体系重要性的提升，优化流通业空间布局逐渐引起国家和各级政府的高度重视，商务部也通过实施相关政策，不断推进农村流通体系建设，并使其成为我国新农村建设的重要内容。本章分析我国流通业的空间布局状况，探讨优化流通业空间布局的现实机遇，研究优化流通业空间布局的理论基础，并对我国中心地体系的流通规模等级结构特征进行实证分析，为我国优化流通业空间布局和扩大流通创新影响力提供依据。

第一节　城乡流通业空间布局的不平衡性

一、城乡流通业主体结构不平衡

在我国，由于城市聚集人口多，城市居民购买力也较高，因此城市消费品流通中主体结构实力相对农村流通主体较强，商业中心区和繁华的商业街成为反映城市流通业发达状况的重要标志。城市零售业态中不仅汇集传统百货店，而且集中了很多适应现代消费潮流的购物中心、超市、专卖店。城市还拥有综合或专业性的大型批发交易市场，专业性第三方物流企业也大多集中于城市。这些流通主体大多具有较强的资本和技术实力，大多以现代股份制公司作为主要组织形式，并拥有城市中稀缺的商业店址位置。而相对城市而言，农村流通主体中合伙经营、个体经营比例较高，缺乏拥有足够资本规模和管理能力的现代股份制企业，再加上商业网点设置缺乏科学规划，很多零售店铺、批发市场和集市不符合相应建设标准，商业基础设施也较为落后。

二、城乡流通中产品结构不平衡

城乡流通业空间不平衡也突出表现在产品结构上，城市商业中业态齐全，流通的高中低档产品种类丰富，并适合各类消费群体需求。城市商业中心区各种商业业态在产品零售价格和服务上进行激烈竞争，使消费者获得更高的顾客价值。而农村流通业由于渠道不畅，商品经营品种较少，中高档次商品品质、数量与城市相比，存在较大差距。另外，由于农村商业网点少，缺乏有效竞争，采购和专业化物流配送能力不足进一步提升农村商品流通成本，很多地方小镇和农村同类产品销售价格高于城市。

三、城乡流通服务结构不平衡

在相关服务上，城市商业网点拥有较多专业销售人员，大型百货商店、购物中心自营比重低，很多销售厂家直接进入商场，租赁商家的货架和场地进行销售，在产品性能展示和售后等方面服务周到，厂家和商家还经常进行联合促销，进一步通过低廉的价格传递给消费者更多的顾客价值。农村流通业由于缺乏相关专业销售人员，在产品展示、性能介绍、促销和售后服务上与城市流通业差距较大，难以满足农村居民不断上升的服务需求。

四、城乡流通秩序存在差距

城乡流通业在流通秩序上也存在差距，城市商业规制机构设置较为齐全，执法队伍人员素质也较高，商务、工商、城管、公安等机构之间在长期规制实践中有着较为明确的功能定位，各种商业中介机构对经营者的行为起着一定监督、规范作用，消费者利用法律维权意识也较强。在农村流通体系中，规制机构中执法人员数量较少，农村广阔的地域范围也进一步加大行政执法难度。农村消费者由于信息不对称，对商品质量甄别能力相对城市较弱，自身维权意识不强。农村也缺乏商会、消费者协会等中介服务结构，一些经营户利用伪劣商品侵害消费者利益现象时有发生，流通秩序与城市存在差距，这也抑制了农村居民的消费需求。

第二节　优化流通业空间布局的现实机遇

一、农村市场消费潜力提升

近年来，我国新农村建设进程加快，国家也出台一系列惠农政策，这使农村居民收入水平稳步提升，2020 年我国农村居民人均纯收入为 17131 元，2020 年农村居民家庭恩格尔系数为 32.7%。[①] 农村居民收入水平上升也刺激农村居民的消费需求，在液晶平板电视、电冰箱、洗衣机、手机等耐用消费品消费支出也逐步增加。在支出结构上，农村居民家庭食品消费支出占消费总支出的比重为40.4%（见表6－1），城镇为35.7%，这说明农民在衣着、家庭设备用品和通信服务上支出偏低。其中很重要的原因是这些工业消费品流通体系在农村较不完善，以衣着类产品为例，由于很多地方的乡镇商业网点缺乏科学规划，零售业态不符合相应标准，农村销售衣着的店铺主要以集市、小型店铺为主，经营花色品种较少，在产品质量上已不能适应农村居民日益上升的消费需求，居民只有到邻近的县城和城市购买相应商品。农民收入水平不断上升以及农村工业消费品流通体系的落后恰恰说明农村巨大的市场消费潜力，这为优化城乡流通业空间布局提供了重要的机遇。

① 国家统计局．中华人民共和国2020年国民经济和社会发展统计公报，2021－2－28．

表 6－1　　农村居民家庭平均每人生活消费支出构成　　单位：%

指标	1995 年	2000 年	2005 年	2010 年
生活消费总支出	100.00	100.00	100.00	100.00
食品	58.62	49.13	45.48	41.09
衣着	6.85	5.75	5.81	6.03
居住	13.91	15.47	14.49	19.06
家庭设备用品及服务	5.23	4.52	4.36	5.34
交通通信	2.58	5.58	9.59	10.52
文教娱乐用品及服务	7.81	11.18	11.56	8.37
医疗保健	3.24	5.24	6.58	7.44

资料来源：根据相关年份《中国统计年鉴》整理计算。

二、城镇化发展进程加快

在新发展格局中，城镇化和工业化已成为中国经济增长的重要推动力量，城市化速度逐年提升。“十四五”期间，中央及各级地方政府正通过城乡户籍制度、土地等改革进一步推进城镇化进程。同时，城镇化与工业化互动发展也成为我国城镇化发展的一种创新模式，城镇化进程的加快将进一步提升农村居民收入水平和消费观念，乡镇商业网点建设将极大提高其商业基础设施水平，这为优化城乡流通业空间布局提供重要的支撑作用。

三、城镇基础设施的改善

近年来，随着我国城镇化进程的加快，城市和广大乡镇交通设施状况得到极大改善，信息基础设施速度也逐渐加快，基础设施条件的改善不仅提升城镇工业扩张和人口集聚的承载能力，而且使重点城市、中心城市、县域城市、乡镇之间形成便捷、畅通的交通体系，这将有利于加快区域间要素和商品的流动，为节约流通业物流成本创造便利条件。城乡通信网络建设将进一步促进城乡信息流通，这为城乡工业品流通体系中物流配送、连锁经营管理提供技术支撑，促进日用消费品经营网络的组织与运行。

四、政府加快优化流通业布局

在政策层面，优化城乡流通业空间布局是启动农村消费市场、扩大内需和新农村建设的重要保障。2005 年以来，“万村千乡”和“家电下乡”等政策优化了城乡工业品流通体系，起到明显的刺激农村消费效果。2010 年 10 月，商务部进一步加强“万村千乡市场”工程的规范管理，包括规范农家店形象，提高农家店商品统一配送率以降低流通成本、严肃查处各种违规行为等。另外，很多地方的县和地级市政府也已把重点乡镇商业网点建设纳入相关发展规划之中，这些优惠政策将为城乡工业品流通体系完善提供良好的政策环境。

五、示范企业成功经验可供推广

近年来，在我国城乡工业品流通体系建设实践中，以江苏苏果、山东家家悦为代表的一批城市流通企业利用连锁经营方式开拓农村市场，取得良好的经济效益，农家店存活率较高，当地农村居民对这些流通企业直营店和加盟店销售的消费品及服务满意度也较高。商务部等相关政府部门提出要总结和推广典型企业的成功经验，针对我国农村居民收入、消费习惯和物流设施状况，鼓励各地城市流通企业积极探索农村日用消费品流通模式和经营战略。

第三节　流通业空间布局优化的理论分析

一、城市商业发展显现福德效应

随着人口密度和收入水平提高，城市流通业组织结构发生重要变化，这突出表现在店铺结构的变化。经营生活必需品的店铺数量减少，经营奢侈品的专业店数量增加，即产生著名的“福德效应”。[①] 一方面，我国城市居民收入水平不断上升推动产品流通结构的升级；另一方面，由于城市化进程加快以及土地需求的持续上升，城市中心地区的商业用地成为宝贵的稀缺资源，商铺租金不断上涨。这两方面原因使流通业的商品经营档次不断上升，而经营生活必需品的店铺向大卖场集中，便利超市和社区超市集中在居民区附近。城市中小零售商为抵消不断上升的商业店铺租金和水电费用也不断调高商品经营档次，城市商业显现“福德效应”。

从日用消费品流通的空间结构看，在广阔的农村消费市场，很多经营生活必需品的店铺达不到相应标准，抑制农村居民的消费需求。城市流通企业可以充分利用农村广阔的日用消费品市场，世界零售巨头沃尔玛公司正是从不超过 1 万人的小镇起家的，以避开当时零售市场领先者卡马特的竞争，并坚持实施这一战略达 20 年之久。农村很多日用消费品经营店铺的产品品种和档次已经不能满足当地居民不断上升的消费需求，恰恰说明我国农村市场拥有较强的市场潜力，城市流通企业应认真借鉴沃尔玛公司发展初期实行的“小城镇”战略。而在我国一些地区的农村市场，以江苏苏果超市有限公司为代表的城市零售企业已取得良好的经营绩效。“福德效应”本质上存在着优化流通业空间布局的内在动力，相关市场经营主体需要强化内生成长和创新扩散机制，将资金、人力、技术投入农村商品流通体系中。

二、城市商业空间布局优化的动力

城市商业布局空间优化内在动力来源于店铺规模经济和商圈范围的相互作用，当单店经营规模增加到一定程度，由于企业管理、经营面积限制，会产生规模不经济。同时，店铺商圈辐射范围是有限的，随着消费者购物距离和心理距离的延长，店铺对消费者吸引力会下降。因此，大型零售企业便会采用连锁经营方式，将店名、店貌、业态、商品和服务标准化，在更广阔的地域范围内科学选择店址，利用配送中心对各店铺进行统一配送，优化集团企

① Ford P. Excessive competition in the retail trades: Changes in the numbers of shops 1901 - 1931 [J]. Economic Journal, 1935 (45): 179.

业在城市商业空间布局。在其服务绩效上，大型零售企业通过客流量、交通等因素的综合考虑，通过分布在各社区、片区商业中心内正规和特许连锁分店服务相应消费群体，提升居民的顾客价值。零售企业利用现代信息技术和物流配送手段优化城市商业空间布局，有效地克服单店规模经济限制和主商业中心区的过度竞争，扩大零售商圈半径，充分利用连锁经营方式获得企业整体规模经济。另外，城市商务主管部门也通过科学的商业网点布局，划分主商业中心、片区商业中心和社区商业中心，设置综合商业街和专业街，对批发市场、购物中心、百货店、超市各种商业业态进行科学规划，这极大地方便居住在城市各区域的消费者，有效地提升商品流通效率和流通速度，并实现服务绩效和居民满意度的持续上升。

三、区域流通体系中阶层性原理

我国区域流通体系中表现出“省会城市——次级城市——县城——城镇”的阶层性特征，这符合克里斯塔勒的中心地理论，也为优化区域流通业空间布局提供了重要的理论依据。省会城市拥有繁华的商业街区，集聚了购物中心、大型百货店、大型超市等丰富的零售业态，金融、物流、咨询、售后等辅助性商业设施和服务也比较齐全，形成专业化程度高的零售商圈，交易时间长，引导区域消费潮流。次级城市、县城百货店、大型超市数量相比省会城市减少，商品经营档次和品种也比省会城市低。乡镇和村级零售店铺主要满足农民日常生产资料和日用生活消费品的购物需要。不仅在营业面积、产品档次、交易量，零售店铺呈现阶层性特征，在服务功能上，上一层的零售店铺包含下一等级体系中的零售店铺的服务功能，流通体系中零售店铺的专业化程度也沿着“省会城市——次级城市——县城——城镇”次序呈现明显的连续和等级性。

另外，人口密度的变化也引起中心地体系的阶层性变化。农村人口不断涌入城市，促进城市商业的繁荣，商业街、商业中心零售店铺数目提升，产品经营品种和档次得到很大程度的提升。随着城市化进程的不断深入，城市周边郊区人口密度也得到提升，推动城市周边社区商业的发展。同理，次级城市、县城和城镇人口密度的上升也同样导致零售店铺数量的增加，交通和通信技术的进步进一步缩短中心地市场体系之间的距离和购物时间。

最后，随着新农村建设和农业现代化水平的不断提升，农民参与市场经济的程度不断提升，农业生产专业化程度的提高和农民收入的增长，刺激农民对专业化生产资料和日用消费品流通的需求，这促进了农民购物周期的缩短。而传统的农村集市和落后的零售业态已经不能满足农民的日常购物和农业生产资料消费需求，在乡镇和村的范围就需要建立稳定性较强和交易频率高的长期经营场所，乡级店和村级店也就成为农村流通体系中新兴的重要组成部分。它们不仅与“省会城市——次级城市——县城”的市场体系有着紧密的关联，而且依赖上层流通体系的物流配送体系，从而形成连续性等级特征明显的“省会城市——次级城市——县城——城镇”中心地体系。

第四节　我国中心地体系的流通规模等级结构特征

中心地体系历来是经济地理和区位布局的重要理论问题，也是商业活动集聚的位置、规模、功能特点及空间结构的理论基础。在中心地规模问题上，克里斯塔勒（Christaller）和勒施（losch）试图以供给职能的数量来确定中心地规模。贝克曼（Beckman，1958）在克里斯塔勒中心地等级框架基础上提出系统的中心地规模模型，以人口数来衡量中心地规模，提出 m 级中心地总人口数 U_m 包括中心地自身人口 u_m 和中心地市场腹地人口 a_m，即 $U_m = u_m + a_m$，假设 m 级别的中心地自身人口与该中心地服务的总人口的比值 v 是恒定的，$u_{mm} = vu_m$。贝克曼和麦克弗森（Beckman and McPherson，1970）对中心地规模模型进行修正，克服了原有模型中关于比值 v 恒定的假设，m 级别的中心地自身人口与该中心地服务的总人口的比值 v 将随着中心地等级 m 的变化而变化。上述研究主要以人口数量来衡量中心地规模，贝里（Berry，1988）提出中心地体系中其他一些特征元素表现为随等级呈指数变化，包括总就业数、商业网点数、商业类型数量。在确定中心地规模之后，一些学者深入研究中心地体系的创新扩散，哈德孙（Hudson，1969）研究中心地体系内部的扩散过程，特别是等级之间“向下过滤”的等级扩散过程。另外，在较低的中心地等级之间还存在着传染扩散和近邻效应（Alves，1974）。佩德森（Pederson，1970）认为创新速度随距离的延长而衰减，较慢的距离衰减率将促进等级扩散，而传染扩散则与较高的距离衰减率有关（Hsu，2012）。在对我国中心地规模研究中，顾朝林（1990）利用幂函数分布模型拟合我国城镇中心地系统中人口规模等级分布，陈林生（2004）以中心指数衡量我国中心地体系中的等级组织，发现聚集效应是区际差距拉大的原因之一。陈彦光（2001）借助伯克曼模型论证我国中心地等级中位序—规模分布的演化规律。现有的研究大多从人口数量作为划分中心地等级规模的标准，但忽视中心地等级之间人口移动。随着我国城镇化进程加快，城乡之间人口迁移的规模和速度大大提升。但城市中众多的流动人口难以计入城市人口，按人口数量不能准确界定中心地等级规模分布。而我国流通体系中呈现较为明显的阶层性中心地特征，不仅在营业面积、产品档次、销售额等流通投入和产出规模上呈现阶层性特征，而且服务功能和专业化程度也沿着“省会城市——次级城市——县城——乡镇”次序呈现明显的连续和等级性，从商品流通规模分析中心地规模等级分布可以克服因人口移动造成的偏误，也更符合我国由于城乡人口流动而形成的中心地等级体系特征。此外，伯克曼（Beckman，1958）的中心地规模模型主要采用横截面数据，没有较好地控制中心地等级（城市、县）异质性，因此拟合的中心地系数可能存在偏差。

另外，流通规模等级分布是中心地体系规模分布的本质表现，但同城市流通系统相比，我国农村流通系统还非常落后，严重阻碍“三农问题”的解决。因此，近年来商务部门通过“家电下乡”和“万村千乡”等政策积极开拓农村消费市场，提升农民消费需求和生活质量，大力缩短城乡流通体系差距，并取得良好的政策效果。随着城市商业逐渐饱和和农村流通体制改革的深入，定量研究中心地体系中流通规模分布将为我国构建现代流通体系、扩大内需和统筹城乡发展提供科学的理论依据。鉴于此，本章构建面板数据模型，控制中心地等级的异质性，以流通产出规模代替传统模型中的人口数量，对伯克曼的中心地规模模型进行修正，实证研究我国中心地体系中流通规模等级结构特征。

一、实证研究设计

（一）研究假设

商品流通规模是一定时期内投入商品流通中的活劳动和物化劳动的数量，具体包括商品流通中投入和产出规模。本章主要研究流通产出规模在城市、县城、县城以下的中心地等级结构特征，而社会零售品销售额是反映一个区域流通产出规模比较全面的指标。因此，本章以社会零售品销售额替代传统中心地规模模型中的人口数量，以 ls、lx、lxx 分别代表城市、县和县以下社会商品零售额。克里斯塔勒中心地规模模型假定 v 是恒定的，但这个假设没有在实证中得到充分地验证，而伯克曼和麦克弗森（Beckmann and McPherson，1970）认为应修正中心地规模模型中关于 v 恒定的假设，v 将随等级 m 而变化。假设区域流通体系内市级和县级的中心地自身流通产出规模与该中心地流通产出总规模之间比值 v 随等级发生变化，即 $ls_m = v_1 zls_M$，$lx_m = v_2 zlx_M$。zls_m 代表市、县及县以下社会商品零售额总和，zlx_m 代表县及县以下社会商品零售额总和，$zlx_m = lx_m + lxx_m$，$zls_m = zlx_M + ls_m$。因为难以获得县以下具体乡镇农村市场的社会商品零售额数据，因此本章把县以下社会商品零售额作为最小市场腹地的农村消费市场份额。

（二）模型设定

本章使用面板数据模型对中心地等级规模数理模型进行修正，修正模型为式（6－1）和式（6－2）。

$$ls_{mit} = \alpha_0 + \beta_1 zls_{mit} + \varepsilon_{mit} \tag{6-1}$$

$$lx_{mit} = \alpha_1 + \beta_2 zlx_{mit} + \varepsilon_{mit} \tag{6-2}$$

下标 i 表示省份，t 表示年份，m 表示中心地等级，ε_{mit}表示模型的随机扰动项，α_0、α_1 分别表示面板模型中截距项。

（三）数据来源

实证研究数据来源于历年《中国统计年鉴》、中经网数据库，以 1994～2018 年中国各省份相关数据构造面板模型进行计量检验。为了实证研究表述的方便，把特定等级中心地自身社会商品零售额与该中心地社会商品零售额总额的比值定义为该级别的中心地系数。

二、实证分析结果

表6－2是市级和县级中心地流通产出规模模型的实证分析结果，综合模型（1）至模型（4）的结果可以发现，各解释变量均通过显著性水平检验，模型（1）与模型（5）是混合最小二乘法估计结果，模型（2）与模型（6）采用固定效应稳健性标准差估计结果，模型（3）与模型（7）是随机效应估计结果，模型（4）与模型（8）是组间估计结果。模型（2）与模型（3）估计的系数较为接近，均为0.7左右，而模型（1）与模型（4）估计的系数为0.68。在县级中心地的流通产出规模实证检验中，各县自身零售商品总额与县级中心地的社会商品零售总额的比值也均通过显著性检验，模型（5）、模型（6）、模型（7）估计的系数较为接近，均为0.3左右，市级和县级中心地系数并不相等，这验证本文提出的假设，中心地系数将随着等级的变化而变化，并与伯克曼和麦克弗森（Beckman and McPherson，1970）研究结论相一致。在我国中心地体系中，中心地系数将随着等级的提高而上升，市级中心地系数大约为县级中心地系数的2.33倍。

表6－2 中心地流通产出规模的实证分析

被解释变量	各市社会商品零售总额（lss）				各县社会商品零售总额（lsx）			
解释变量	模型(1)	模型(2)	模型(3)	模型(4)	模型(5)	模型(6)	模型(7)	模型(8)
Constant	—	-89.049*** (33.346)	-87.172*** (35.218)	-29.683 (55.139)	—	-89.049*** (33.346)	-87.172*** (35.218)	-29.683 (55.139)
zls	0.669*** (0.0045)	0.706*** (0.021)	0.705*** (0.0047)	0.668*** (0.027)	—	—	—	—
zlx	—	—	—	—	0.303*** (0.0049)	0.322*** (0.0392)	0.3185*** (0.0395)	0.2422*** (0.0267)
F值	2160.81	1103.22	12.13	583.54	3694.83	67.61	12.13	81.91
R^2	0.9791	0.9803	0.9527	0.9803	0.8895	0.8803	0.8803	0.8803
Hausm(P)	—	—	0.1761	—	—	0.0039	—	—

注：***、**、*分别表示在1%、5%和10%的水平下显著，Hausm（P）表示Hausman检验P值。

比较固定效应和混合最小二乘法的模型估计，发现市级和县级中心地模型 F 检验的 P 值均为 0，强烈拒绝原假设，固定效应模型明显优于混合回归模型，应该允许每个省份的市级和县级中心地模型拥有自己的截距项。采用最小二乘虚拟变量模型估计的虚拟变量不显著，这说明是否存在个体效应有待进一步检验。

在关于随机效应和混合最小二乘法的模型选择上，采用 LM 检验得到 P 值为 0，强烈拒绝“不存在个体随机效应”的原假设，说明“随机效应”模型优于“混合回归”模型，而且随机效应模型的常数项和解释变量均通过 1% 水平的显著性检验。

在模型固定效应和随机效应豪斯曼检验结果中，市级中心地流通规模模型的豪斯曼检验 P 值为 0.1761，因此不能拒绝豪斯曼检验的原假设，所以选择随机效应模型，而非固定效应模型。县级中心地流通规模模型豪斯曼检验 P 值为 0.0039，在 1% 显著性水平上强烈拒绝原假设，所以选择固定效应模型解释。因为实证模型是一个非平衡面板，所以不能通过构造辅助回归，使用聚类稳健标准差的豪斯曼检验方法（Cameron and Trivedi，2005）。

三、对实证分析结果进一步讨论

由于传统的中心地模型中没有截距项，本章采用面板数据模型，较好地控制中心地等级的异质性，但在模型中引入了截距项。为了与传统中心地模型比较，本节采用一阶差分模型，消除截距项后比较相应回归系数的变化。一阶差分模型分析结果如表 6-3 所示。

表 6-3　中心地体系流通产出规模等级分布的一阶差分模型

被解释变量	各市社会商品零售总额（lss）	各县社会商品零售总额（lsx）	各市社会商品零售总额（lss）	各县社会商品零售总额（lsx）
解释变量	模型（1）	模型（2）	模型（3）	模型（4）
zls	0.7013*** （0.0196）	—	0.7032*** （0.0087）	—
zlx	—	0.3295*** （0.03458）	—	0.3151*** （0.0113）

续表

被解释变量	各市社会商品零售总额（lss）	各县社会商品零售总额（lsx）	各市社会商品零售总额（lss）	各县社会商品零售总额（lsx）
Year	—	—	-2.2289 (0.0196)	2.0034*** (0.7792)
constant	—	—	-34.2202** (14.4865)	-8.0590 (7.5706)
F 值	57.353	24.127	—	—
R^2	0.9737	0.8556	0.9629	0.8207
AR（P）	0.00	0.00	—	—

注：***、**、*分别表示在1%、5%和10%的水平下显著，AR（P）表示一阶自相关检验P值。

从表6-3中可以看出，一阶差分后的市级中心地系数为0.70，县级为0.33，与表6-2中的中心地系数接近，也均通过1%水平显著性检验。消除截距项对中心地系数估计结果并未产生明显的变化，这也进一步证明中心地系数将随着中心地等级的变化而变化的结论。而引入常数项的面板数据模型在估计结果上不仅优于混合最小二乘估计，也更符合各省由于区域差异导致的截距变化的实际情况。在面板数据估计中，一般认为固定效应会比一阶差分的估计更有效率，所以此处主要是利用一阶差分消除常数项后，再与面板数据模型比较中心地系数，进一步验证表6-2中实证分析结果，而最终模型仍然按照表6-2中相应的结果进行解释。市级社会商品零售总额中心地模型选择随机效应模型，县级社会商品零售总额中心地模型选择固定效应模型。

另外，在使用一阶差分法计算中心地系数时，得到关于“面板一阶自相关”的检验结果，表6-3中模型（1）和模型（2）中市级和县级中心地一阶自相关检验P值均为0.00，因此在1%水平上存在面板自相关。同时，对模型是否存在组间异方差需要进行利用似然比检验。结果表明似然比检验强烈拒绝“组间同方差”的原假设。所以需要对模型中存在的异方差和序列相关进行处理，利用面板修正的标准差估计方法见表6-5中估计模型（3）和模型（4）。处理异方差和自相关以后实证结果表明，市级和县级中心地系数分别为0.703和0.315，并通过1%水平显著性检验，因此修正后的模型也支持以上关于中心地系数的实证分析结果。

由于各地经济发展水平的差距，可能造成各地中心地系数的区域差异。为此，本部分将全国划分为东部、中部、西部三个地区，实证研究中心地流通产出规模的区域差异，结果如表6-4所示。

表6-4　　　　中心地流通产出规模的区域差异

解释变量	各市社会商品零售总额（lss）			各县社会商品零售总额（lsx）		
	模型（1）东部	模型（2）中部	模型（3）西部	模型（5）东部	模型（6）中部	模型（7）西部
constant	-85.94*** (80.24)	-68.11*** (14.57)	-10.45*** (6.161)	-14.47 (24.00)	-9.255*** (15.09)	-87.172*** (35.218)
zls	0.726*** (0.0074)	0.650*** (0.008)	0.587*** (0.007)	—	—	—
zlx	—	—	—	0.273*** (0.0086)	0.430*** (0.005)	0.411*** (0.007)
F	9598.99	5992.33	6565.29	1013.06	7031.37	3532.70
R^2	0.984	0.982	0.976	0.868	0.985	0.956
Hausm（P）	0.1617	0.3180	0.0014	0.208	0.3204	0.0078

注：***、**、*分别表示在1%、5%和10%的水平下显著，Hausm（P）表示Hausman检验P值。

从表6-4中实证结果看，东部地区市级和县级中心地系数与全国样本的结果相近，而中部地区市级和县级中心地系数分别为0.65和0.43，县级中心地系数比全国高。西部地区市级中心地系数为0.59，低于全国和东部、中部地区的市级中心地系数，而县级中心地系数为0.41，高于全国和东部地区的县级中心地系数。划分区域的中心地系数虽然存在变化，但是中心地系数随着等级的提高而上升。

中心地系数随着等级的提高而上升的原因主要来自以下几方面。

首先，城市中心地拥有较高人口密度和收入水平。相对于市级中心地以下的县级中心地市场，城市人口密度和人均收入水平更高，城市发达的产业体系也吸引农村人口不断流向城市，市级和市级中心地以下人口密度此消彼长的变化也使相应的需求发生类似变化。同时，收入也是促进城市中心地系数的重要因素，2020年我国城镇居民家庭人均可支配收入为43834元，农村居民家庭人均纯收入为17131元，城镇居民家庭人均可支配收入约为农村的

2.56 倍。[①] 在支出结构上，2019 年农村居民消费结构中，食品、居住、交通通信的消费性支出占前 3 位，而在衣着、家庭设备用品及服务、文化娱乐支出比例均未超出 10% 。[②] 食品类商品流通产出规模所需的最低门槛较小，在县级中心地腹地的农村或者县级以下的一般乡镇即可提供此类商贸服务职能。县城流通业在提供较低级别商品上相对乡镇并不具备比较优势，而在较高级别的服务职能上相对城市又缺乏竞争优势。这就推动低级别的商贸服务功能向县城以下的乡镇扩散，而较高等级的商贸服务功能所需的最低门槛较高，大多数县城由于收入水平和人口密度的局限，难以形成高等级商品和服务的有效供给，这些商贸服务功能大多集中在更高级别的城市中心地。

其次，中心地职能随着城市等级的提高而上升，城市的流通业职能比县级中心地服务职能更加全面，交易时间更长，县城和农村居民在城市购买大宗消费品（如空调、冰箱、彩电）的比重一般较高。加上消费者多目的性购物出行的消费习惯，县城和农村居民为减少单位购物量的交通与时间耗费，单次去城市购物的交易量也较大，这些因素促进了城市中心地消费额的增长和中心地系数的上升，交通技术提升和城乡道路条件的改善进一步降低农村居民出行的交易费用。另外，城市作为更高级的交易中心地，交易专业化程度和范围更广，农户去城市交易其专业化产品的同时也会在城市购买自身所需的各种农用生产资料和日用消费品，这种城乡双向流通的模式也进一步推动城市中心地流通产出规模的增长。

再次，在县级中心地体系中，县级自身流通产出规模与县级中心地流通产出总规模之间的比值为 0.3，这个值一方面表明县级以下乡镇在县级中心地流通体系中所占比重较大，它与县级流通体系中乡镇居民的收入水平、购物习惯、交通条件有很大关系。另一方面县级中心地体系系数也表明，县级商业职能虽然比乡镇多，但相对城市较少。县级中心地商业网点因职能、商品、服务局限而传递给消费者的魅力较小，一部分乡镇居民可能会选择去城市购买较高档次产品和服务，因为城市商业具备更高级的服务职能。此外，一些地方县城与县级以下地区交通状况较差，进一步降低县城流通业对周边乡镇市场的辐射能力。

---

① 数据来源于中华人民共和国 2020 年国民经济和社会发展统计公报［R］. 2021-2-28。

② 数据来源于《中国统计年鉴 2020》，中国统计出版社，北京，2019。

最后，距离对需求的影响在城市中心地体系和乡镇中心地体系之间存在差异，在农村地区，在一定的商圈辐射距离内，距离消费对需求的阻抗影响较小。而在人口密度高的城市地区，距离对消费需求的阻抗作用较大，某一个店铺对消费者吸引力将随着距离的延伸而急剧减小，这主要是因为城市同类业态的激烈竞争使得零售服务的可替代性比农村市场强。这也表明县级中心地中的农村消费市场拥有巨大潜力，零售企业去乡镇扩展连锁经营网络前景广阔，这也为我国深入推行“万村千乡市场工程”政策提供重要的理论依据。

第七章

实体零售线上线下融合的商业模式创新

自2011年来，受信息技术和网络零售发展等因素影响，我国大型零售企业销售额增速连续下降。根据《中国统计年鉴》公布的数据，2016～2018年我国综合零售、百货零售、超级市场零售商品销售额均呈现持续下降，连锁零售业2017年年末营业面积比2016年下降630.5万平方米，商品销售额比2016年下降293.8亿元。在世界范围内，实体零售也呈现经营业绩下滑的发展趋势，美国2019年全国实体零售商店关店12000家（荆林波，2020）。

在此背景下，越来越多的实体零售企业认识到传统的商业经营模式零售不能适应互联网时代顾客需求变化，也难以应对网络零售的冲击和市场竞争的要求。为克服经营业绩下滑和运营效率不高等突出问题，实体零售企业纷纷加快商业模式创新。实体零售经营困难和关店现象也引起党和政府的高度重视，2016年11月11日，国务院办公厅正式发布《关于推动实体零售创新转型的意见》，鼓励实体零售企业加快线上线下融合商业模式创新。随着国家相关政府部门推动实体零售转型发展的政策刺激，我国实体零售整体经营业绩逐步回升。

线上线下融合被零售业界视为提升经营绩效和实现商业模式创新的重要途径，业界将零售企业线上线下融合的商业模式创新的现象称为"新零售"，这也引起学者的热烈讨论（郭君平、荆林波，2015；洪涛，2017）。苏宁易购、银泰商业等实体零售企业纷纷通过线上线下加速融合的商业模式创新提升经营业绩。但是，仍有一些实体零售企业的线上线下融合的效果并不理想，商业模式创新的实施路径并不清晰，线上线下融合在实践过程中存在着较多需要探索和亟待解决的问题，很多零售企业对商业模式创新的路径还缺乏系统的认知。因此，本章对实体零售线上线下融合的商业模式创新进行评价，探索线上线下融合的商业模式创新路径，在此基础上，为实体零售加快线上线下融合的商业模式创新提出相关政策建议。

第一节　线上线下融合背景下实体零售商业模式发展分析

一、线上线下融合背景下实体零售商业模式发展现状

（一）实体零售线上线下融合速度加快

2011 年以来，我国实体零售线上线下融合速度加快发展。根据商务部发布的《中国零售行业发展报告（2016/2017 年）》，截至 2016 年 12 月，全国零售企业开展在线销售的比例达到 45.3%，比 2015 年提高 12.7%。实体零售企业网上销售额所占比重也不断提升，根据国家统计局发布的数据，2019 年我国超市、专业店、专卖店等限额以上实体零售企业通过互联网实现的商品零售额占限额以上零售企业消费品零售额的比重为 12.9%，比 2018 年增加 2.7%。① 在实体零售线上线下融合的实现形式上，实体零售通过自建线上购物网站、移动 app 终端、微信公众号、入驻电商平台等方式，对商品、订单、客流、物流配送进行有效整合，构建线上线下无缝对接的购物体验环境。除此之外，实体零售还积极探索跨界融合的商业模式创新，加强与其他网络零售企业的资本合作，整合双方线上线下商业资源和业务流程，优化布局线下实体智慧体验店和物流配送网络，为消费者提供全方位体验服务，充分推动经营模式转型，促进零售新业态的发展。例如，2017 年 12 月，永辉超市以“超市 + 餐饮”为模型建立新型组织形态，推出了“超级物种”新业态；同年，银泰商业为优化顾客购物体验，将运营的商业端向顾客倾斜，先后推出 ON-MINE、In Junior 等零售新业态。

---

① 蔺涛．市场销售规模持续扩大 新消费增长点加速形成［N］．中国信息报，2020-1-20.

（二）商业模式创新发展不平衡

实体零售线上线下融合的商业模式创新发展不平衡，部分企业如苏宁易购、永辉超市等通过线上线下融合的商业模式创新取得了业绩的快速增长。根据苏宁易购公司发布的业绩公报，2019 年苏宁易购实现线上网络销售平台商品交易规模为2387.53 亿元，占公司整体销售规模的70.89%。但是，仍有大量实体零售在线上线下融合的商业模式创新方面并未取得较为显著的效果。根据《2017～2018 年中国百货零售业发展报告》，实体商业多渠道零售的经营状况并不乐观，许多实体零售企业在投资网络销售渠道时遇到销售额增长缓慢、投资回报低等问题。由于缺乏全渠道建设和营销的管理经验，部分实体零售企业甚至出现在 O2O 业务整合后销售额下滑的问题。例如，2016 年三江购物与阿里巴巴合作开展线上线下融合和 O2O 全渠道业务后，三江购物 2017 年 1～9 月的营业收入下滑近 10%。

二、实体零售线上线下融合商业模式创新中存在的问题

（一）线上线下融合的数字化能力偏弱

尽管很多实体零售把拓展网上销售渠道和加快线上线下融合作为商业模式创新的重要发展方向，但实体零售在 O2O 的全渠道建设和数字化管理能力仍较为薄弱。对发展全渠道的实体零售而言，以数字化打通品牌商、销售商和顾客的全渠道无缝链接是线上线下 O2O 商业模式创新的关键。当线上线下融合的 O2O 模式运营时，实体零售需要对多个平台、多个渠道的产品信息、顾客信息、订单信息和物流信息进行处理，这对数字化管理能力和流通信息技术应用的要求极高。而缺乏全渠道环境下的数字化管理能力，造成部分实体零售虽然在移动终端 app、网络销售平台等线上渠道大力投资，但对线上线下业务、资源没有有效整合，从而分散了企业稀缺的资源。部分实体零售企业线上服务功能较少，数字化程度偏低导致实体零售线上线下渠道难以实现协同发展，线上网店为线下门店吸引客流的效率不高。

（二）线上线下融合难以适应经营绩效增长需要

虽然实体零售线上网络渠道销售商品的比例不断上升，但由于很多实体零售企业传统经营模式和业务管理层的制约，加之缺乏高效的电子商务、网络营销和数字化供应链管理能力，线上线下资源与业务融合程度较低，大多数实体零售网络销售额增长缓慢。即便跨越了线上线下多渠道整合的初期障碍，在实施线上线下融合的商业模式时仍困难重重。实体零售难以对全渠道范围内不同的商业场景、不同品牌商品和顾客做出精准的推送和响应。此外，当大量实体零售企业简单模仿网络零售的销售方式，又造成线上线下渠道的经营商品和销售方式趋同的问题，激化线上线下不同零售主体间的价格竞争，从而难以实现销售额的快速增长。

（三）顾客参与线上线下融合商业模式创新的程度不高

在进行线上线下融合的商业模式创新的过程中，大多数实体零售开展线上渠道销售的参照对象大多是知名电子商务平台，如阿里巴巴、京东商城等。在商业模式创新方面模仿痕迹过多，没有充分考虑实体零售本身的市场定位和原有的线下经营优势，忽视了为顾客创造价值的制度设计。这使实体零售不能有效吸引顾客参与企业价值共创和互动过程，削弱了企业“体验 + 售卖”的零售终极目标。主要原因在于，实体零售线上线下多渠道整合的工作重点放在搭建线上销售渠道和多渠道营销策略等方面，仍然把顾客看作被动接受零售服务的客体，缺乏对顾客关系资源的维护与利用，难以形成与顾客之间的价值创造与传递的双向互动关系。当实体零售不能准确把握顾客的个性化需求时，顾客在不同销售渠道购物极易产生购物体验的不一致性，这降低了顾客价值感知，也就难以形成对实体零售品牌的忠诚度和满意度，造成顾客参与实体零售线上线下融合商业模式的程度不高。

三、线上线下融合背景下实体零售商业模式创新路径

（一）通过线上线下融合促进业态多元化发展

随着“互联网 + 流通”的快速发展，实体零售企业加快线上线下 O2O 全

渠道布局，通过线上线下融合对全渠道范围零售要素（店铺、产品、服务、渠道、技术、营业模式、业态）进行重新整合，推动实体零售业态多元化发展（见图7－1）。从营业模式上看，O2O模式下的实体零售运用现代信息技术，充分整合线上线下全渠道资源和价值链上下游合作伙伴，打破了线下店铺传统经营模式的时空限制，促进跨界经营融合。O2O模式下线上线下加速融合使实体零售通过商品结构和服务的调整，不断扩充商品经营品类，陆续推出无人商店、“餐厅＋生鲜超市”等多种零售新业态，并融入了更多娱乐和休闲元素。

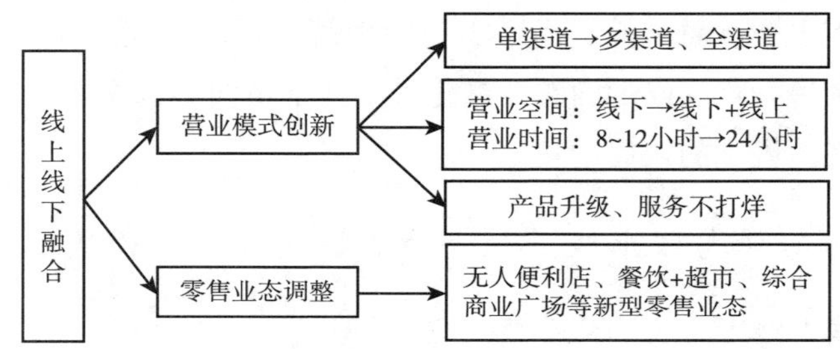

图7－1　线上线下融合促进实体零售业态多元化发展

资料来源：作者根据相关网站公开信息整理。

（二）围绕顾客体验升级推动多渠道营销策略协同

在顾客经济时代，所有的企业必须围绕顾客需求进行价值创造和营销活动。实体零售围绕顾客体验服务升级，加强全渠道营销策略的协调，不断丰富顾客消费场景，全面布局线上线下经营要素资源，加快推进线上线下融合的商业模式创新。在产品信息与价格方面，实体零售运用云计算等互联网技术，最大化整合线上线下产品、服务和物流体系，降低顾客搜寻成本。在营销策略方面，根据顾客线上线下的交易信息和浏览记录，持续跟踪顾客偏好，挖掘顾客需求，对顾客进行精准的网络营销，刺激顾客购买意愿。在线下门店与顾客消费场景融合方面，实体零售联合第三方支付企业、社交软件，积极打通在线支付、会员体系和金融服务，升级顾客购物体验，加快推进线上线下同价销售。目前，很多大型实体零售企业（如王府井百货、银泰商业、金鹰商贸等）均已实现了线上线下同品同价销售。实体零售还联合供应商，不断进行线上线下联合促销活动。例如，2016年万达百货联合国内3000多家实体企业，共同举办“百城千店年中庆活动”。在活动期间，万达百货旗下所有线下门店都推出独享优惠活动，实现销售额达120亿元，客流量超过5亿。

（三）以线上线下融合提高供应链管理水平

通过线上线下融合的商业模式创新，实体零售不断提高科技、数据和分析能力，加强供应端与销售端的信息互联，这提升了其供应链管理水平（见图7-2）。在信息获取方面，实体零售引进大数据、云计算等互联网技术，及时将销售终端获取的需求、库存、服务成本、价格、顾客偏好等方面的信息反馈给供应商，以降低其生产成本和风险。在商品销售方面，依托会员制的实体零售不仅为供应商线上线下推送和销售产品，还细分采购商品品类，保证产品与顾客需求的精准对接。在物流配送方面，实体零售在提供线上下单、快递到家的O2O服务基础上，通过科学管理SKU，推进供应链向生产端延伸，以需定产，最大限度地提升商品库存周转率。例如，2015年6月，华润联合五丰、雪花啤酒、怡宝三大品牌启动了“六角星”联合营销活动，最高返现50%。2018年永辉超市通过与上游特色农业企业合作，全面改造生鲜采购、配送和销售的各个环节，建立了生鲜全国化采购和区域化采购体系。

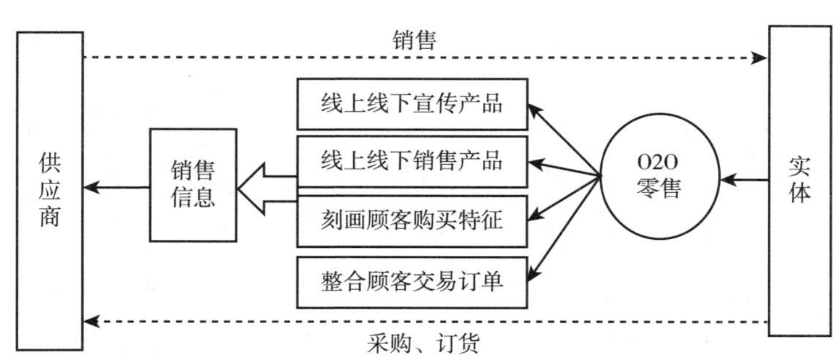

图7-2 线上线下融合重构实体零售供应链的流程

（四）线上线下融合推动实体零售经营模式变革

“自营”还是“联营”一直是实体零售经营模式争论的焦点（宋则，2018），根据2017年4月我国百货业协会发布的百货业行业报告，受访的百货企业中，62.5%的企业自己采购商品和自营商品的比例不到10%，百货业平均利润率仅维持在20%水平上。2016年以来，一些实体零售企业通过线上线下融合的商业模式创新，开始探索数字化零售下“自营+联营”同步发展的“全生态综合模式”。通过整合联营和自营业务的顾客、品牌资源，实体零售初步形成了自营和联营两个维度错位互补的局面。另外，实体零售之间也加强股份和线上线下的业务合作，加快对不同零售要素、业务流程、促销、物流的数字化整合。例如，苏宁易购不断探索“自营+联营+采购”模式，打通自营和联营品牌的会员和支付体系，定期组织自营和联营互通的促销联动活动，移动端月活跃用户数不断提升，移动端订单数量占线上销售比重已上升到90%以上。另外，天虹商场2016年完成自营品牌Rain系列的系统搭建，形成女杂（Rain & Color）、服装（Rain & Home）、家具（Rain & Co）、儿童（Rain & Kids）四大板块的集合店品牌，当年自有品牌销售同比增长22%。2016年，南京金鹰商城也线上线下融合和合作等方式，建立了包含67个可控品牌资源的G·LIFE系列，2016年，金鹰商城自营业务销售额达3.53亿元。

第二节　实体零售商渠道结构选择的研究设计

渠道是实体零售商业模式的重要构成要素，在实践上，很多实体零售企业把推动线上线下的全渠道布局作为商业模式创新的重要内容。实体零售是流通体系和流通渠道的重要主体，特别是拥有品牌、资本等经营要素的主导型实体零售，具备构建线下和线上双渠道的条件和优势。在线上线下融合背景下，实体零售商应当选择怎样的渠道结构，双渠道是否是实体零售渠道结构的最优选择，双渠道究竟会对实体零售的需求、利润产生怎样的影响？本章综合运用零售、渠道结构与博弈相关理论，分析主导型实体零售商的渠道结构选择问题。在考虑产品销售价格、制造商批发价、消费者偏好及渠道间价格弹性系数的基础上，分别从单一传统渠道结构、制造商双渠道结构与零售商双渠道结构出发，运用动态博弈模型对三种渠道结构中集中决策与分散决策进行分析，讨论三种渠道结构中实体零售的需求、价格和利润。

一、实体零售渠道结构分析的基本假设

在“制造商—零售商—消费者”的渠道结构中，存在集中决策与分散决策两种决策方式（赵连霞，2015）。集中决策是制造商与零售商作为一个整体，以整体共同利润最大化为目标的决策方式。在这种决策方式下，制造商和零售商选择供应链合作，通过订立合同方式来分割渠道利润。分散决策是制造商与零售商分别以各自利润最大化为目标的决策方式。本文在零售商主导的供应链条件下，对零售商渠道结构的选择进行讨论。零售商与制造商服从斯坦克伯格主从博弈模型，零售商运用其主导为地位首先进行决策，而制造商跟随零售商进行决策。

在“互联网 + 流通”背景下，实体零售商究竟应当选择怎样的渠道结构？本文通过构建一个实体零售商与一个制造商的一级渠道，具体研究三种渠道结构模型。第一种是单一传统渠道结构，即零售商只有实体店铺。第二种是两层双渠道结构，即制造商不仅通过零售商向消费者销售商品，同时还通过网络渠道直接向消费者销售商品，而零售商只通过实体店铺销售商品。这种渠道结构包含一个零级渠道和一个一级渠道。第三种是零售双渠道结构，即制造商不开展网络渠道销售商品，而零售商同时运用线下传统销售渠道和线上网络渠道销售商品。以下分别讨论集中决策、分散决策下三种渠道结构中的零售商利润，并进行对比分析，研究实体零售商的最优渠道结构。本文构建的三种渠道结构模型均基于以下假设。

（1）制造商只生产一种商品，且所生产的所有产品均同质。

（2）为简化模型，假设制造商的生产成本和零售商单位销售的成本均为零，这并不影响对流通渠道中各成员行为决策的分析。

（3）由经济学原理可知，商品市场需求受自身价格弹性系数的影响，在不影响模型结论的前提下，假设其自身弹性价格系数为 1；

（4）假设渠道间价格弹性系数为 θ。双渠道下商品市场需求不仅受自身渠道价格弹性系数的影响，同时也受渠道间价格弹性系数的影响，且自身渠道价格弹性系数应当大于渠道间价格弹性系数对需求的影响。参照仲凯旋、巩永华和薛殿中（2015）的相关研究，令 $0<2\theta<1$，因此 $0<\theta<0.5$。θ 的数值越大，代表不同渠道之间的竞争越大。

（5）假设消费者对传统渠道的偏好为 k，随着网络零售的快速发展，越来越多的消费者开始选择在网络渠道进行购买，网络零售在市场零售总需求中所占份额增加。参照申成霖等（2013）和蔡津、张正华（2011）的研究，引入消费者对线下传统零售渠道的购买偏好系数 $k(0<k<1)$，用 $(1-k)$ 表示消费者对线上网络渠道的偏好。

（6）分散决策下博弈模型为斯坦克伯格主从博弈模型，其中零售商为价格领导者，制造商为追随者。上标 c 表示集中决策，上标 d 表示分散决策。

二、实体零售渠道结构的模型分析

（一）线下传统渠道结构模型

由于在“互联网＋流通”背景下单一实体零售需求既受自身销售价格的影响，也受到网络渠道对其的影响。参照相关研究（cai，2010），构建零售商需求函数如下：

$$Q_1 = ka + \theta(1-k)a - (1-\theta^2)p_1 \tag{7-1}$$

式（7－1）中，a 表示市场总需求，即潜在市场需求总量，$a>0$。θ 表示线上和线下两种渠道间价格弹性系数，$0<\theta<1$。k 为消费者对选择传统零售渠道的偏好系数，$0<k<1$。

则零售商利润函数为

$$\pi_{r1} = (p_1 - w_1)Q_1 \tag{7-2}$$

制造商的利润函数为

$$\pi_{m1} = w_1 Q_1 \tag{7-3}$$

供应链成员的总利润函数

$$\pi_1 = \pi_{r1} + \pi_{m1} \tag{7-4}$$

1. 集中决策条件下的分析

集中决策下，供应链总利润为：

$$\pi_1^c = p_1^c Q_1^c = p_1^c[ka + \theta(1-k)a - (1-\theta^2)p_1^c] \tag{7-5}$$

供应链总利润 π_1^c 对零售商传统渠道价格 p_1^c 进行二阶偏导，可得 $\frac{\partial^2 \pi_1^c}{\partial (p_1^c)^2} = -2(1-\theta^2)<0$，因此 π_1^c 为 p_1^c 的凸函数。令 $\frac{\partial \pi_1^c}{\partial p_1^c}=0$，可得利润最大化条件下零售商传统渠道定价 p_1^c。

$$p_1^c = \frac{ka+\theta(1-k)a}{2(1-\theta^2)} \tag{7-6}$$

将式（7－6）代入式（7－1），可得零售商传统渠道需求函数 Q_1^c，此时市场总需求 Q_{1t}^c 与之相等。即：

$$Q_1^c = Q_{1t}^c = \frac{ka+\theta(1-k)a}{2} \tag{7-7}$$

联立式（7－6）与式（7－7），可得供应链总利润函数：

$$\pi_1^c = \frac{[ka+\theta(1-k)a]^2}{4(1-\theta^2)} \tag{7-8}$$

2. 分散决策条件下的分析

在分散决策下，制造商和零售商均以各自利润最大化为目标。在制造商和零售商之间存在斯坦克伯格博弈。零售商为领导者，根据利润最大化原则，制定传统渠道的边际收益 u_1^d，也就是传统渠道的价格加成；制造商作为价格跟随者，根据零售商传统渠道的价格加成确定其销售价格 w_1^d。

利用逆序归纳法求解。首先，制造商利润函数：

$$\pi_{m1}^d = w_1^d Q_1^d = w_1^d[ka+\theta(1-k)a-(1-\theta^2)(w_1^d+u_1^d)] \tag{7-9}$$

将制造商利润 π_{m1}^d 对其销售价格 w_1^d 求解二阶偏导数，得到 $\frac{\partial^2 \pi_{m1}^d}{\partial (w_1^d)^2} = -2(1-\theta^2)<0$。因此，制造商利润 π_{m1}^d 为批发价 w_1^d 的凸函数，此时存在 w_1^d 可使 π_{m1}^d 最大，令 $\frac{\partial \pi_{m1}^d}{\partial w_1^d}=0$，可得：

$$w_1^d = \frac{ka+\theta(1-k)a}{2(1-\theta^2)} - \frac{1}{2}u_1^d \tag{7-10}$$

将式（7－10）代入式（7－2）得到实体零售商利润 π_{r1}^{d}，并对其关于传统渠道价格加成 u_{d1} 求解二阶偏导，可得$\frac{\partial^2\pi_{r1}^{d}}{\partial(u_1^d)^2}=-(1-\theta^2)<0$。可知 π_{r1}^{d} 为 u_1^d 的凸函数，因此 π_{r1}^{d} 在$\frac{\partial\pi_{r1}^{d}}{\partial u_1^d}=0$ 处得到最大值。令$\frac{\partial\pi_{r1}^{d}}{\partial u_1^d}=0$，可得：

$$u_1^d=\frac{ka+\theta(1-k)a}{2(1-\theta^2)} \tag{7-11}$$

将式（7－11）代入式（7－10）可得：

$$w_1^d=\frac{ka+\theta(1-k)a}{4(1-\theta^2)} \tag{7-12}$$

联立式（7－11）与式（7－12），可得：

$$p_1^d=3\frac{ka+\theta(1-k)a}{4(1-\theta^2)} \tag{7-13}$$

将式（7－12）、式（7－13）代入式（7－1）、式（7－2）、式（7－3），可得：

零售商传统渠道条件下的需求

$$Q_1^d=\frac{ka+\theta(1-k)a}{4} \tag{7-14}$$

零售商传统渠道条件下的利润

$$\pi_{r1}^{c}=\frac{[ka+\theta(1-k)a]^2}{8(1-\theta^2)} \tag{7-15}$$

制造商利润函数

$$\pi_{m1}^{c}=\frac{[ka+\theta(1-k)a]^2}{16(1-\theta^2)} \tag{7-16}$$

（二）两层双渠道结构

在线上线下双渠道结构中，首先考虑一个只拥有线下传统渠道的零售商和一个拥有线上网络渠道的制造商。制造商以价格 w_2 向零售商出售生产的商品，零售商再以 p_2 的销售价格将产品销售给消费者。另外，制造商以销售价格 p_{me} 通过线上网络渠道将产品直接销售给消费者。

此时，零售商线下传统渠道需求函数

$$Q_2 = ka - p_2 + \theta p_{me} \tag{7-17}$$

制造商网络渠道需求函数

$$Q_{me} = (1-k)a - p_{me} + \theta p_2 \tag{7-18}$$

零售商利润函数

$$\pi_{r2} = (p_2 - w_2)Q_2 \tag{7-19}$$

制造商利润函数

$$\pi_{m2} = w_2 Q_2 + p_{me} Q_{me} \tag{7-20}$$

供应链利润函数

$$\pi_2 = \pi_{r2} + \pi_{m2} \tag{7-21}$$

1. 集中决策条件下的分析

集中决策下，供应链总利润

$$\pi_2^c = \pi_{r2}^c + \pi_{m2}^c \tag{7-22}$$

对供应链总利润 π_2^c 做关于零售商线下传统渠道价格与制造商线上网络渠道价格的二阶偏导，得到 $\frac{\partial^2 \pi_2^c}{\partial (p_2^c)^2} = -2 < 0$，$\frac{\partial^2 \pi_2^c}{\partial (p_{me}^c)^2} = -2 < 0$，因此令 $\frac{\partial \pi_2^c}{\partial p_2^c} = 0$，$\frac{\partial \pi^{c2}}{\partial p_{me}^c} = 0$，可得：

制造商线上网络渠道定价

$$p_{me}^c = \frac{a(1-k+k\theta)}{2(1-\theta^2)} \tag{7-23}$$

零售商线下传统渠道定价

$$p_2^c = \frac{a(\theta+k-k\theta)}{2(1-\theta^2)} \tag{7-24}$$

将式（7-23）、式（7-24）代入式（7-17）至式（7-21），可得到：

零售商线下传统渠道需求函数

$$Q_2^c = \frac{ka}{2} \tag{7-25}$$

制造商线上网络渠道需求函数

$$Q_{me}^c = \frac{(1-k)a}{2} \tag{7-26}$$

市场总需求函数

$$Q_{2t}^c = \frac{a}{2} \tag{7-27}$$

供应链总利润函数

$$\pi_2^c = \frac{a^2[1-2k(1-k)(1-\theta)]}{4(1-\theta^2)} \tag{7-28}$$

2. 分散决策条件下的分析

同理，根据以上假定分析，根据逆序归纳法，先求制造商的销售价格 w_2^d 关于零售商线下传统渠道边际收益 u_2^d 的关系函数，即：

$$\pi_{m2}^d = w_2^d Q_2^d + p_{me}^d Q_{me}^d \tag{7-29}$$

再对 π_{m2}^d 求关于 w_2^d 的二阶偏导，得到$\frac{\partial^2 \pi_{m2}^d}{\partial (w_2^d)^2} = -2 < 0$，因此 π_{m2}^d 为关于 w_2^d 的凸函数，此时存在 w_2^d 可使 π_{m2}^d 最大，令$\frac{\partial \pi_{m2}^d}{\partial w_2^d} = 0$，可得：

$$w_2^d = \theta p_{me}^d + \frac{ka}{2} - \frac{u_2^d}{2} \tag{7-30}$$

将式（7-30）代入式（7-19），并对其求关于 u_2^d 的二次偏导，得到$\frac{\partial^2 \pi_{r2}^d}{\partial (u_2^d)^2} = -1 < 0$，可知 π_{r2}^d 为 u_2^d 的凸函数，π_{r2}^d 在$\frac{\partial \pi_{r2}^d}{\partial u_2^d} = 0$ 处得到最大值。令$\frac{\partial \pi_{r2}^d}{\partial u_2^d} = 0$，可得零售商线下传统渠道边际收益：

$$u_2^d = \frac{ka}{2} \tag{7-31}$$

将式（7－31）代入式（7－30），并结合式（7－20），分别对制造商向零售商销售价格 w_2^d、制造商线下网络渠道价格 p_{me}^d 二阶求导，此时，$\frac{\partial^2 \pi_{m2}^d}{\partial (w_2^d)^2} = -2\left(1-\frac{1}{\theta^2}\right) < 0$，$\frac{\partial^2 \pi_{m2}^d}{\partial (p_{me}^d)^2} = -2(1-\theta^2) < 0$。令 $\frac{\partial \pi_{m2}^d}{\partial w_2^d} = 0$，$\frac{\partial \pi_{m2}^d}{\partial p_{me}^d} = 0$，可得：

$$p_{me}^d = \frac{a(1-k+k\theta)}{2(1-\theta^2)} \tag{7-32}$$

$$w_2^d = \frac{a(2\theta + k\theta^2 + k - 2k\theta)}{4(1-\theta^2)} \tag{7-33}$$

因此，零售商线下传统渠道价格

$$p_2^d = \frac{a(2\theta - k\theta^2 + 3k - 2k\theta)}{4(1-\theta^2)} \tag{7-34}$$

将式（7－32）、式（7－34）代入式（7－17）、式（7－18），可得：

零售商线下传统渠道需求函数

$$Q_2^d = \frac{ka}{4} \tag{7-35}$$

制造商线上网络渠道函数

$$Q_{me}^d = \frac{a(2-2k+k\theta)}{4} \tag{7-36}$$

市场总需求函数

$$Q_{2t}^d = \frac{a(2-k+k\theta)}{4} \tag{7-37}$$

因此，将式（7－32）至式（7－37）代入式（7－17）、式（7－18）可得：

零售商利润函数

$$\pi_{r2}^d = \frac{k^2a^2}{8} \tag{7-38}$$

制造商利润函数

$$\pi_{m2}^{d}=\frac{a^{2}(1-k+k\theta)^{2}}{4(1-\theta^{2})}+\frac{k^{2}a^{2}}{16} \tag{7-39}$$

（三）零售商双渠道结构分析

零售商线下传统渠道需求函数

$$Q_r=ka-p_r+\theta p_e \tag{7-40}$$

零售商线上网络渠道需求函数

$$Q_e=(1-k)a-p_e+\theta p_r \tag{7-41}$$

零售商线下传统渠道利润函数

$$\pi_r=(p_r-w_3)Q_r \tag{7-42}$$

零售商网络渠道利润函数

$$\pi_e=(p_e-w_3)Q_e \tag{7-43}$$

零售商总利润函数

$$\pi_{r3}=\pi_r+\pi_e \tag{7-44}$$

制造商的利润函数

$$\pi_{m3}=w_3(Q_r+Q_e) \tag{7-45}$$

供应链总利润函数

$$\pi_3=\pi_{m3}+\pi_{r3} \tag{7-46}$$

1. 集中决策条件下的分析

集中决策下，供应链总利润

$$\pi_3^c=\pi_r^c+\pi_e^c+\pi_{m3}^c \tag{7-47}$$

对供应链总利润函数求关于零售商传统渠道与网络渠道价格的二阶偏导，$\frac{\partial^2\pi_3^c}{\partial(p_r^c)^2}=-2<0$，$\frac{\partial^2\pi_3^c}{\partial(p_e^c)^2}=-2<0$。因此令$\frac{\partial\pi_3^c}{\partial p_r^c}=0$，$\frac{\partial\pi_3^c}{\partial p_3^c}=0$，可得：

零售商线下传统渠道价格

$$p_r^c = \frac{a(\theta + k - k\theta)}{2(1-\theta^2)} \tag{7-48}$$

零售商线上网络渠道价格

$$p_e^c = \frac{a(1 - k + k\theta)}{2(1-\theta^2)} \tag{7-49}$$

将式（7-48）、式（7-49）代入式（7-40）至式（7-46），可得 Q_r^c 与 Q_e^c、零售商总需求 Q_3^c、Q_{3t}^c 以及 π_3^c：

零售商线下传统渠道需求函数

$$Q_r^c = \frac{ka}{2} \tag{7-50}$$

零售商线上网络渠道需求函数

$$Q_e^c = \frac{(1-k)a}{2} \tag{7-51}$$

市场总需求函数

$$Q_3^c = Q_{3t}^c = \frac{a}{2} \tag{7-52}$$

供应链总利润函数

$$\pi_3^c = \frac{a^2[1 - 2k(1-k)(1-\theta)]}{4(1-\theta^2)} \tag{7-53}$$

2. 分散决策条件下的分析

制造商和零售商之间进行斯坦克伯格博弈，零售商作为领导者，根据市场需求函数，以利润最大化为目标率先制定线上网络渠道边际收益 u_e^d 和线下传统渠道边际收益 u_r^d，制造商作为追随者，根据零售商的边际收益和市场情况确定销售价格 w_3^d。利用逆序归纳法，首先，制造商的利润函数为：

$$\pi_{m3}^d = w_3^d(Q_r^d + Q_e^d) \tag{7-54}$$

求制造商利润函数 π_{m3}^{d} 关于 w_3^d 的二阶偏导，$\frac{\partial^2\pi_{m3}^{d}}{\partial(w_3^d)^2}=-4(1-\theta^2)<0$。因此，$\pi_{m3}^{d}$ 为 w_3^d 的凸函数，令$\frac{\partial\pi_{m3}^{d}}{\partial w_3^d}=0$，可得：

$$w_3^d=\frac{a}{4(1-\theta)}-\frac{u_e^d+u_r^d}{4} \tag{7-55}$$

将式（7－55）代入式（7－45），并分别关于零售商线下传统渠道利润函数与线上网络渠道边际收益的二阶偏导，$\frac{\partial^2\pi_{r3}^{d}}{\partial(u_r^d)^2}=-\frac{1}{2}\theta-\frac{3}{2}<0$，$\frac{\partial^2\pi_{r3}^{d}}{\partial(u_e^d)^2}=-\frac{1}{2}\theta-\frac{3}{2}<0$。可知 π_{r3}^{d} 为 u_r^d、u_e^d 的凸函数，令$\frac{\partial^2\pi_{r3}^{d}}{\partial(u_r^d)^2}=0$、$\frac{\partial^2\pi_{r3}^{d}}{\partial(u_e^d)^2}=0$，可得：

零售商线下传统渠道边际收益

$$u_r^d=\frac{a(\theta+k-k\theta)}{2(1-\theta^2)} \tag{7-56}$$

零售商线上网络渠道边际收益

$$u_e^d=\frac{a(1-k+k\theta)}{2(1-\theta^2)} \tag{7-57}$$

将式（7－56）、式（7－57）代入式（7－55），可得：

制造商向零售商销售商品价格

$$w_3^d=\frac{a}{8(1-\theta)} \tag{7-58}$$

联立式（7－56）、式（7－57）与式（7－58），可得：

零售商传统渠道价格

$$p_r^d=\frac{ka}{2(1+\theta)}+\frac{a(1+5\theta)}{8(1-\theta^2)} \tag{7-59}$$

零售商网络渠道价格

$$p_e^d=\frac{a(5+\theta)}{8(1-\theta^2)}-\frac{ka}{2(1+\theta)} \tag{7-60}$$

将式（7－59）、式（7－60）代入式（7－41）、式（7－42），可得：

零售商传统渠道需求函数

$$Q_r^d = \frac{ka}{2} - \frac{a}{8} \tag{7-61}$$

零售商网络渠道需求函数

$$Q_e^d = \frac{3a}{8} - \frac{ka}{2} \tag{7-62}$$

零售商总需求 Q_3^d 与市场总需求 Q_{3t}^d：

$$Q_3^d = Q_{3t}^d = \frac{a}{4} \tag{7-63}$$

将式（7-59）至式（7-62）代入式（7-43）至式（7-46）可得：

零售商线下传统渠道利润

$$\pi_r^d = \frac{a^2(k - k\theta + \theta)(4k - 1)}{16(1 - \theta^2)} \tag{7-64}$$

零售商线上网络渠道利润

$$\pi_e^d = \frac{a^2(1 + k\theta - k)(3 - 4k)}{16(1 - \theta^2)} \tag{7-65}$$

零售商总利润

$$\pi_{r3}^d = \frac{a^2(3 - \theta)}{16(1 - \theta^2)} - \frac{a^2k(1 - k)}{2(1 + \theta)} \tag{7-66}$$

制造商利润

$$\pi_{m3}^d = \frac{a^2}{32(1 - \theta)} \tag{7-67}$$

第三节　实体零售商渠道结构选择的模型分析

一、集中决策条件下的比较分析

基于以上实体零售商三种渠道结构下的最优决策，以下将分别从需求、定价、利润三个方面进行比较分析，研究集中决策下实体零售商的最优渠道结构选择。

（一）需求对比分析

通过对集中决策不同渠道结构下市场需求进行分析可得到以下关系式：

$$Q_2^C - Q_1^c = \frac{-\theta(1-k)a}{2} < 0$$

$$Q_{2t}^C - Q_{1t}^c = \frac{(1-\theta)(1-k)a}{2} > 0$$

$$Q_3^C - Q_1^c = \frac{(1-\theta)(1-k)a}{2} > 0$$

$$Q_r^C - Q_1^c = \frac{-\theta(1-k)a}{2} < 0$$

$$Q_2^c - Q_r^c = 0$$

$$Q_{2t}^c - Q_{3t}^c = 0$$

对上述关系式进行分析发现，在互联网技术快速发展的背景下，若只有单一传统渠道，由于渠道间价格弹性系数的影响，一部分偏好网络渠道的消费者会转至传统渠道进行购买，其市场需求随着消费者对网络渠道偏好的增加而减少。然而，当零售商或制造商导入网络渠道后，偏好网络渠道的消费者会直接在网络渠道进行购买，此时消费者的渠道偏好并不会影响市场的总需求。同时，通过模型分析可发现，在两层双渠道结构与零售商双渠道结构下，市场需求、传统渠道的需求、网络渠道需求大小均是一致的，传统渠道需求随着消费者的偏好上升而增加，网络渠道需求随着消费者对传统渠道的偏好提升而减少。因此，在集中决策的条件下，不论是制造商还是零售商开展网络渠道销售，一部分消费者会从传统零售渠道转移到制造商或零售商的网络渠道。此时由于渠道间价格弹性系数的影响，市场需求增加，且均大于单一传统渠道结构下的市场需求。因此，在集中决策条件下，当渠道结构由单一传统渠道结构转变为零售双渠道结构时，零售商传统渠道需求减少，零售商总需求增加。此时，零售商在单一传统渠道基础上导入网络渠道并扩展了市场需求。当渠道结构从单一传统渠道结构转变为两层双渠道结构时，零售商传统渠道需求减少，市场总需求增加。此时，制造商在单一传统零售基础上导入网络渠道扩展了市场需求，同时，在两层双渠道结构与零售双渠道结构下，零售商传统渠道需求与市场总需求是相同的。

（二）价格对比分析

对集中决策不同渠道结构下价格进行分析，得到以下关系式：

$$p_r^c - p_1^c = 0; p_2^c - p_1^c = 0;$$

$$p_r^c - p_e^c = \frac{a(2k-1)}{2(1+\theta)}$$

当 $0 < k < \frac{1}{2}$ 时，$p_r^c < p_e^c$；当 $k = \frac{1}{2}$ 时 $p_r^c = p_e^c$；当 $\frac{1}{2} < k < 1$ 时，$p_r^c > p_e^c$。

$p_2^c - p_{me}^c = \frac{a(2k-1)}{2(1+\theta)}$，当 $0 < k < \frac{1}{2}$ 时，$p_2^c < p_{me}^c$；当 $\frac{1}{2} < k < 1$ 时，$p_2^c > p_{me}^c$。

通过对上述关系式研究发现，在集中决策条件下，制造商或零售商在单一传统渠道的基础上导入网络销售渠道，从而推动市场总需求的增长，且传统渠道价格并不会发生变化，而两层双渠道与零售双渠道中网络渠道销售价格是一样的。传统零售渠道销售价格随消费者偏好的上升而增加，网络渠道销售价格随消费者对传统渠道偏好的增加而减少。当消费者较为偏好传统渠道时，零售商传统渠道价格高于网络渠道销售价格。当消费者较为偏好网络渠道时，网络渠道价格高于传统渠道销售价格。当 $k = \frac{1}{2}$ 时，两个渠道之间应当制定相同的价格。因此，在集中决策条件下，当渠道结构由单一传统渠道结构转变为零售双渠道结构时，零售商传统渠道定价不变，且存在一点 $k\left(k = \frac{1}{2}\right)$，令 $p_r^c = p_e^c$，即双渠道零售商传统渠道价格 p_r^c 等于其网络渠道价格 p_e^c。当 $\frac{1}{2} < k < 1$ 时，$p_r^c > p_e^c$，当 $0 < k < \frac{1}{2}$ 时，$p_r^c < p_e^c$。当渠道结构由单一传统渠道结构转变为两层双渠道结构时，零售商传统渠道定价不变，存在一点 $k\left(k = \frac{1}{2}\right)$，令 $p_2^c = p_{me}^c$，即两层双渠道结构下零售商传统渠道价格 p_2^c 等于制造商网络渠道价格 p_{me}^c。当 $0 < k < \frac{1}{2}$ 时，$p_2^c < p_{me}^c$，当 $\frac{1}{2} < k < 1$ 时，$p_2^c > p_{me}^c$。

（三）利润对比分析

对集中决策不同渠道结构下利润进行分析得到以下关系式

$$\pi_2^c - \pi_1^c = \frac{a^2(1-k)^2(1+\theta^2)}{4(1-\theta^2)} > 0$$

$$\pi_3^c - \pi_1^c = \frac{a^2(1-k)^2(1+\theta^2)}{4(1-\theta^2)} > 0$$

$$\pi_3^c - \pi_2^c = 0$$

由以上分析可知，在集中决策的条件下下，当 k = 1，即当消费者对网络渠道无偏好时，单一传统渠道结构下的供应链利润等于两层双渠道、零售商双渠道结构下供应链利润。随着“互联网 + 流通”的深入发展，消费者对网络渠道的偏好增加，制造商或零售商导入网络渠道，拓展了市场需求，传统零售渠道价格并不会发生变化。虽然传统零售渠道需求减少，但是更多的消费需求由传统零售渠道转移到了网络渠道，此时供应链利润是增加的。同时在集中决策条件下，制造商与零售商以最大化利润为目标。此时不论是两层双渠道结构还是零售双渠道结构，传统零售渠道需求与网络渠道的市场需求是一样的，传统零售渠道价格与网络渠道价格也是一样的。因此，两层双渠道结构下的供应链利润等于零售双渠道结构下的供应链利润。基于以上分析可得，在集中决策条件下，当渠道结构由单一传统渠道结构转变为两层双渠道结构时，供应链总利润增加，当渠道结构从单一传统渠道结构转变为零售双渠道结构时，供应链总利润将增加。同时，两层双渠道下供应链总利润与零售双渠道下供应链总利润相等。

因此，结合以上对集中决策下各均衡值的分析，可以发现对于实体零售商而言，在集中决策条件下，不论开展网络渠道的主体是零售商还是制造商，市场需求、供应链利润均是增加的，且开展网络渠道的流通主体不同并不影响其传统渠道定价与网络渠道定价。因此，在集中决策条件下，零售双渠道结构与两层双渠道结构是实体零售商的最优渠道结构选择。

二、分散决策条件下的比较分析

（一）需求对比分析

对分散决策不同渠道结构下零售商需求进行分析得到以下关系式：

$$Q_2^d - Q_1^d = -\frac{\theta(1-k)a}{4} < 0$$

$$Q_{2t}^d - Q_{1t}^d = a\frac{1+(1-\theta)(1-2k)}{4} > 0$$

$$Q_{3t}^d - Q_{1t}^d = \frac{(1-\theta)(1-k)a}{4} > 0$$

$$Q_r^d - Q_e^d = \frac{a(2k-1)}{2} > 0$$

当$\frac{1}{2} < k < 1$时，$Q_r^d > Q_e^d$，当$0 < k < \frac{1}{2}$时，$Q_r^d < Q_e^d$，当$k = \frac{1}{2}$，$Q_r^d = Q_e^d$；

$Q_r^d - Q_1^d = a\frac{2k(1+\theta)-(1+2\theta)}{8} < 0$，当$0 < k < \frac{(1+2\theta)}{2(1+\theta)}$时，$Q_r^d < Q_1^d$。当$\frac{(1+2\theta)}{2(1+\theta)} < k < 1$时，$Q_r^d > Q_1^d$，当$k = \frac{(1+2\theta)}{2(1+\theta)}$时，$Q_r^d = Q_1^d$。

$Q_r^d - Q_2^d = \frac{ka}{4} - \frac{a}{8}$，当$\frac{1}{2} < k < 1$时，$Q_r^d > Q_2^d$，当$0 < k < \frac{1}{2}$时，$Q_r^d < Q_2^d$。

结合上述关系式可以发现，将两层双渠道下市场需求与零售双渠道下市场需求进行对比可以发现，两层双渠道下市场总需求大于零售双渠道下市场总需求，存在一点$k\left(k = \frac{1}{2}\right)$，此时两层双渠道结构下传统渠道需求等于零售双渠道结构下传统渠道需求。因此，制造商在单一传统渠道基础上导入网络渠道，促进产品市场需求的增长，且两层双渠道结构相较于零售双渠道结构更能实现市场需求的增长。这是因为导入网络渠道的主体不同，制造商网络渠道与零售商传统渠道间的竞争明显大于双渠道零售商传统渠道与网络渠道间的竞争。

零售商在单一传统渠道的基础上导入网络渠道，存在一点$k\left[k = \frac{(1+2\theta)}{2(1+\theta)}\right]$令$Q_r^d = Q_1^d$，此时零售商传统渠道需求不变，扩展的需求全部为网络渠道需求，市场总需求增加。对于双渠道零售商而言，传统渠道与网络渠道需求的大小受消费者对传统渠道的偏好影响。且传统渠道需求与消费者对传统渠道的偏好成正比，网络渠道需求与消费者对传统渠道偏好成反比。

当$k = \frac{3}{4}$时，零售双渠道结构中市场总需求大于单一传统渠道市场总需求。此时，单一传统渠道结构与零售双渠道结构下零售商网络渠道需求都为0，所有需求都集中在零售商传统渠道。此时零售商双渠道等同于单一传统渠道，二者需求相等。因此，可以发现相较于单一传统渠道而言，零售双渠道结构能够实现零售商市场需求的扩展。

对于双渠道零售商而言，当 $k>\frac{1}{2}$时，其传统渠道需求大于网络渠道需求，当 $k<\frac{1}{2}$时，网络渠道需求大于传统渠道需求，当 $k=\frac{1}{2}$，即消费者对渠道选择无明显偏好时，零售商网络渠道需求等于传统渠道需求。基于以上分析，在分散决策条件下，当零售商从单一传统渠道结构转变为两层双渠道结构时，零售商传统渠道需求减少，市场总需求增加。当零售商从单一传统渠道结构转变为零售双渠道结构时，零售商传统渠道需求减少，零售商总需求与市场需求增加。存在一点 $k\left(k=\frac{1}{2}\right)$令 $Q_r^d=Q_e^d$，即零售商双渠道结构下传统渠道需求 Q_r^d 等于网络渠道需求 Q_e^d。当$\frac{1}{2}<k<1$ 时，$Q_r^d>Q_e^d$，当 $0<k<\frac{1}{2}$时，$Q_r^d<Q_e^d$。同时，零售双渠道结构下存在一点 k，$k=\frac{(1+2\theta)}{2(1+\theta)}$令单一传统渠道需求 Q_1^d 等于零售双渠道结构下传统渠道需求 Q_r^d。当 $\frac{(1+2\theta)}{2(1+\theta)}<k<1$时，$Q_r^d>Q_1^d$，当 $0<k<\frac{(1+2\theta)}{2(1+\theta)}$时，$Q_r^d<Q_1^d$。两层双渠道下市场需求大于零售双渠道下市场需求，且存在一点 $k\left(k=\frac{1}{2}\right)$令 $Q_r^d=Q_2^d$，即两层双渠道下零售商传统渠道需求等于零售双渠道下零售商传统渠道需求。当$\frac{1}{2}<k<1$ 时，$Q_r^d>Q_2^d$，当 $0<k<\frac{1}{2}$时，$Q_r^d<Q_2^d$。

（二）价格对比分析

对分散决策不同渠道结构下价格进行分析得到以下关系式：

$$p_2^d-p_1^d=\frac{a\theta(k-k\theta-1)}{4(1-\theta^2)}<0$$

$$w_2^d - w_1^d = \frac{a\theta(-k + k\theta + 1)}{4(1 - \theta^2)} > 0$$

$$p_2^d - p_{me}^d = \frac{ka}{2} > 0$$

$$p_r^d - p_1^d = \frac{a(1 - 2k)}{8(1 + \theta)}$$

$$w_3^d - w_1^d = \frac{a(1 - 2k)}{8}$$

$$p_r^d - p_e^d = \frac{a(2k - 1)}{2(1 + \theta)}$$

当$\frac{1}{2} < k < 1$时，$w_3^d < w_1^d$且$p_e^d < p_r^d < p_1^d$。

当$0 < k < \frac{1}{2}$时，$w_3^d > w_1^d$且$p_e^d > p_r^d > p_1^d$，

当$k = \frac{1}{2}$时，$w_3^d = w_1^d$且$p_e^d = p_r^d = p_1^d$。

$$w_3^d - w_2^d = a\,\frac{(1 - 3\theta) - 2k(1 + 2\theta^2 - 2\theta)}{8(1 - \theta^2)}$$

当$\frac{1}{3} < \theta < \frac{1}{2}$时，$w_3^d < w_2^d$。

当$0 < \theta < \frac{1}{3}$且$0 < k < \frac{(1 - 3\theta)}{2(1 + 2\theta^2 - 2\theta)}$时，$w_3^d > w_2^d$。

当$0 < \theta < \frac{1}{3}$且$\frac{(1 - 3\theta)}{2(1 + 2\theta^2 - 2\theta)} < k < 1$时，$w_3^d < w_2^d$。

$$p_r^d - p_2^d = a\,\frac{(1 + \theta) - 2k(1 - \theta^2)}{8(1 - \theta^2)}$$

当$\frac{1}{2(1 - \theta)} < k < 1$时，$p_r^d < p_2^d$。

当$0 < k < \frac{1}{2(1 - \theta)}$时，$p_r^d > p_2^d$；$p_e^d - p_{me}^d = \frac{a}{8(1 - \theta)} > 0$。

从上述均衡值分析可以看出，制造商在传统零售渠道基础上导入网络渠道，传统渠道需求减少，零售商为应对此情况，会降低传统渠道价格。因此，制造商为应对零售商的低价策略，会提高销售给零售商的价格。

零售商在传统渠道基础上导入网络渠道，其渠道定价及制造商批发价由消费者渠道偏好决定。当消费者偏好传统渠道时，零售商导入网络渠道会导致传统渠道价格降低。当消费者偏好网络渠道时，零售商导入网络渠道会导致提高传统渠道价格。

在零售双渠道结构下，当 $k=\frac{1}{2}$时，消费者对网络渠道与传统渠道的偏好程度相同，两种渠道的市场需求量相等。当$\frac{1}{2}<k<1$ 时，消费者更多地偏向于传统渠道并购买产品，传统渠道市场需求大于网络渠道市场需求。此时零售商传统渠道价格大于零售商网络渠道价格，即 $p_e^d<p_r^d$。且零售是双渠道结构下制造商批发价小于单一传统渠道批发价。因此相较于单一传统渠道结构下的传统零售商而言，双渠道零售商拥有更强的与制造商议价的能力。

将两层双渠道结构与零售双渠道结构进行对比发现，两层双渠道结构下制造商网络渠道价格低于零售双渠道结构下零售商网络渠道价格。这是因为在两层双渠道结构下，制造商通过网络渠道挤占零售商的市场销售份额，此时零售商会接受制造商较高的销售价格（批发价），并会提高最终销售价格。而在零售双渠道结构中，实体零售同时拥有线下传统渠道与线上网络渠道，实体零售会利用线上线下销售渠道的融合优势降低制造商对其的批发价格，从而使自身获得更多的利益。

通过分析发现，消费者对网络渠道偏好增加迫使零售商和制造商导入网络渠道，而制造商网络渠道会通过批发价格的提高影响实体零售的市场份额和销售利润。面对产品批发价格的上升，零售商更加应当积极开展网络渠道的销售，实现线上和线下渠道资源的整合，促使制造商降低其产品批发价格。因此，基于以上分析可得，在分散决策条件下，当渠道结构由单一传统渠道结构转为两层双渠道时，传统零售渠道价格下降，制造商批发价提高。此时，制造商网络渠道价格小于零售商传统渠道价格；当零售商从单一传统渠道转变为零售双渠道时，存在一点 $k\left(k=\frac{1}{2}\right)$令单一传统渠道下批发价 w_1^d 等于零售双渠道下制造商批发价 w_3^d，零售商双渠道下传统渠道价格 p_r^d 等于网络渠道价格 p_e^d。

当$\frac{1}{2} < k < 1$时，$w_3^d < w_1^d$ 且 $p_e^d < p_r^d < p_1^d$。

当$0 < k < \frac{1}{2}$时，$w_3^d > w_1^d$ 且 $p_e^d > p_r^d > p_1^d$；

当$0 < \theta < \frac{1}{3}$且$k = \frac{(1-3\theta)}{2(1+2\theta^2-2\theta)}$时，$w_3^d = w_2^d$，即两层双渠道下制造商批发价等于零售双渠道下制造商批发价，同时，两层双渠道下制造商网络价格小于双渠道零售商网络渠道价格。

（三）利润对比分析

以下对分散决策条件下不同渠道结构下利润进行分析，可得到以下关系式：

$$\pi_{r2}^d - \pi_{r1}^d = a^2 \frac{-2\theta k(1-k)a - \theta^2 (1-k)^2}{8(1-\theta^2)} < 0$$

$$\pi_{r3}^d - \pi_{r1}^d = a^2 \frac{(1-2k)^2(1-\theta) + (1-k)^2}{16(1-\theta^2)} > 0$$

结合上述分析可知，制造商引入线上网络渠道会对零售商产生竞争压力，使其线下传统渠道利润减少。而零售商引入线上网络渠道，可以实现线上线下资源的整合和共享，从而提升市场需求和份额。由于渠道间价格弹性系数的作用，零售商传统渠道需求减少，市场总需求与零售总需求增多。此时，零售商以自身利益最大化为目标，并在市场中占据主导地位。在零售商线上网络渠道发展初始阶段，消费者对传统渠道偏好较大，此时零售商会运用其市场地位与渠道优势迫使制造商降低批发价格。随着线上渠道的进一步发展，消费者对网络渠道的偏好增加以及零售商线上线下渠道的深度融合，零售商总利润将会增加。分别对零售商线下传统渠道利润与线上网络渠道利润进行分析，可知当$k > \frac{3}{4}$时，零售商网络渠道需求、利润小于0，但是此时的零售商总利润仍然是增加的。同理，当$k < \frac{1}{4}$时，传统渠道需求、利润小于0。实体零售商开展双渠道，虽然消费者偏好网络渠道购买商品，传统渠道亏损，但是零售商仍会持续运营。传统渠道不仅仅是零售商销售的商品的渠道，还是零售商实力与品牌竞争力的根本。面对制造商带来的压力，零售商传统渠

道采取低价策略。因此，零售商利润将会减少。此时，在分散决策条件下，当渠道结构由单一传统渠道结构转变为两层双渠道结构时，零售商利润减少；当零售商从单一传统渠道转变为零售双渠道时，零售商利润增加，且零售商在两层双渠道结构下利润小于双渠道结构下利润。

通过以上分析可知，在分散决策条件下，零售商双渠道结构下利润大于单一传统渠道结构下零售商利润，两层双渠道结构下零售商利润小于单一传统渠道结构下零售商利润，零售双渠道结构下利润大于两层双渠道结构下零售商利润。因此，在分散决策条件下，零售双渠道结构也是实体零售商的最优渠道结构选择。

本章主要对线上线下融合背景下实体零售商不同渠道结构进行了研究。首先，本章构建了由一个制造和一个零售商组成的单一传统渠道结构、两层双渠道结构与零售双渠道结构模型，基于模型分析，得到 3 种渠道结构下实体零售商的最优决策。其次，通过比较 3 种渠道结构下的最优利润，分别得到了集中决策与零售商主导分散决策条件下实体零售商的最优渠道结构选择。

本章针对线上线下融合背景下实体零售商渠道结构选择问题，在线性需求情形下，分别设计了单一传统渠道结构、两层双渠道结构、零售双渠道结构三种渠道结构。并在研究单一传统渠道时，不仅考虑传统渠道的需求，并考虑渠道间价格弹性系数对零售商需求的影响。首先对集中决策条件下 3 种渠道结构下实体零售商决策进行分析，然后在以实体零售商为主导的斯坦博格博弈下研究 3 种渠道结构下实体零售商决策，最后运用经验数据进行算例分析对结论进行验证。研究结果表明，集中决策下，不论是制造商开展网络渠道还是零售商开展网络渠道均可造成市场需求与利润的增加。在以实体零售商为主导的斯坦博格博弈中，实体零售商开展网络渠道可以使其市场需求与利润增加。因此，对于实体零售商而言，双渠道结构是最优的渠道结构。

第八章

线上线下双渠道实体零售的定价策略研究

在线上线下深入融合发展的背景下，拥有线上线下双渠道的实体零售究竟应当采取哪种定价策略来实现利润最大化，目前尚没有统一的结论。因此，本章在已有研究的基础上，构建理论模型，运用博弈论和算例分析，结合实地国美电器的案例调研，研究双渠道主导型实体零售的定价策略，对已有研究进行补充和拓展。

第一节　双渠道实体零售的定价策略模型设定与分析

一、基本模型设定

由于双渠道条件下实体零售商在线上和线下渠道的边际销售成本、需求不同，导致实体零售商线下传统渠道与线上网络渠道之间存在价格差异。消费者会因商品价格差异而在线下传统渠道和网上渠道之间转移。双渠道实体零售需求受自身渠道价格弹性系数和消费者渠道间价格差异转移系数的影响，但实体零售渠道价格弹性的作用大于消费者渠道间价格差异转移系数的作用。假设实体零售不同渠道自身价格弹性系数均为 1，令 β 为渠道间价格差异转移系数，此时 $0<\beta<1$。制造商和零售商都以自身利润最大化为决

策目标。

实体零售商线下传统渠道销售价格

$$p_r = \omega + \mu_r \tag{8-1}$$

式（8－1）中，μ_r 为实体零售商线下传统渠道销售的边际收益，ω 代表零售商从制造商采购商品的价格，即制造商批发价格（许传永等，2010）。

实体零售商线上网络渠道销售价格

$$p_e = \omega + \mu_e \tag{8-2}$$

式（8－2）中，μ_e 为实体零售商线上渠道销售的边际收益。

实体零售商线下传统渠道需求函数

$$Q_r = ka - p_r - \beta(p_r - p_e) \tag{8-3}$$

式（8－3）中，k 表示消费者对传统零售渠道的购买偏好系数，$0 < k < 1$，α 为市场总需求。p_r 为双渠道零售商线下传统渠道销售价格。

实体零售商线上网络渠道需求函数

$$Q_e = (1-k)a - p_e + \beta(p_r - p_e) \tag{8-4}$$

实体零售商线下传统渠道利润函数

$$\pi_r = (p_r - w - c_r)Q_r \tag{8-5}$$

式（8－5）中，c_r 为实体零售的线下传统渠道销售的边际成本。

实体零售商线上网络渠道利润函数

$$\pi_e = (p_e - w - c_e)Q_e \tag{8-6}$$

式（8－5）中，c_r 为实体零售的线上网络渠道销售的边际成本，因为网络需要承担的店铺租金和人工费用较低，所以 $c_r > c_e$，实体零售商传统渠道边际成本大于网络渠道边际成本。

实体零售总利润函数

$$\pi = \pi_r + \pi_e \tag{8-7}$$

实体零售的决策服从斯坦克伯格主从策略模型，为便于分析和比较，设式（8－1）至式（8－7）各变量上标 1、2 分别表示实体零售同价策略与异价策略下的各决策变量。

二、实体零售同价策略的分析

在同价策略条件下，实体零售线下传统渠道销售价格等于线上网络渠道销售价格，为便于分析，用 p^1 表示同价策略下双渠道实体零售的销售价格，用 u^1 代表同价策略下双渠道实体零售的边际收益。可得：

实体零售线下传统渠道需求

$$Q_r^1 = ka - p^1 \tag{8-8}$$

实体零售线上网络渠道需求

$$Q_e^1 = (1-k)a - p^1 \tag{8-9}$$

实体零售线下传统渠道利润

$$\pi_r^1 = (p^1 - w^1 - c_r)Q_r^1 \tag{8-10}$$

实体零售线上网络渠道利润

$$\pi_e^1 = (p^1 - w^1 - c_e)Q_e^1 \tag{8-11}$$

实体零售总利润

$$\pi^1 = \pi_r^1 + \pi_e^1 \tag{8-12}$$

在同价策略条件下，制造商和零售商之间进行斯坦克伯格博弈。零售商作为领导者，根据市场需求以利润最大化为目标率先制定边际收益 u^1；制造商作为追随者，根据零售商的边际收益和市场情况确定批发价 w^1。该供应链模型的定价主要存在两个决策目标：u^1 和 w^1。

求解方法利用逆序归纳法。首先，制造商的利润函数

$$\pi_m^1 = w^1(Q_e^1 + Q_r^1) \tag{8-13}$$

对制造商利润函数关于批发价二阶偏导，$\frac{\partial^2 \pi_m^1}{\partial (w^1)^2} = -4 < 0$，因此 π_m^1 为 w^1 凸函数，此时 w^1 可使 π_m^1 最大，令 $\frac{\partial \pi_m^1}{\partial w^1} = 0$，可得：

$$w^1 = \frac{a}{4} - \frac{u^1}{2} \tag{8-14}$$

对实体零售利润 π^1 关于其边际收益 u^1 求解二阶偏导可得 $\frac{\partial^2 \pi^1}{\partial (u^1)^2} = -2 < 0$。

令 $\frac{\partial \pi^1}{\partial u^1} = 0$，可得：

$$u^1 = \frac{a}{4} + \frac{(c_r + c_e)}{4} \tag{8-15}$$

因此，制造商批发价

$$w^1 = \frac{a}{8} - \frac{(c_r + c_e)}{8} \tag{8-16}$$

实体零售商销售价格

$$p^1 = \frac{3a}{8} + \frac{(c_r + c_e)}{8} \tag{8-17}$$

实体零售商线下传统渠道需求

$$Q_r^1 = ka - \frac{3a}{8} - \frac{(c_r + c_e)}{8} \tag{8-18}$$

实体零售商线上网络渠道需求

$$Q_e^1 = \frac{5a}{8} - ka - \frac{(c_r + c_e)}{8} \tag{8-19}$$

实体零售总需求

$$Q^1 = \frac{a}{4} - \frac{(c_r + c_e)}{4} \tag{8-20}$$

实体零售线下传统渠道利润

$$\pi_r^1 = \left[\frac{a}{4} + \frac{(c_e - 3c_r)}{4}\right]\left[ka - \frac{3a}{8} - \frac{(c_r + c_e)}{8}\right] \tag{8-21}$$

实体零售线上网络渠道利润

$$\pi_r^1=\left[\frac{a}{4}+\frac{(c_r-3c_e)}{4}\right]\left[\frac{5a}{8}-ka-\frac{(c_r+c_e)}{8}\right] \tag{8-22}$$

实体零售总利润

$$\pi^1=\pi_r^1+\pi_e^1 \tag{8-23}$$

制造商利润

$$\pi_m^1=\left[\frac{a}{8}-\frac{(c_r+c_e)}{8}\right]\left[\frac{a}{4}-\frac{(c_r+c_e)}{4}\right] \tag{8-24}$$

三、实体零售异价策略的分析

根据式（8－8）至式（8－24），制造商和零售商之间进行斯坦克伯格博弈。零售商作为价格领导者，根据市场需求，以利润最大化为目标率先制定传统渠道边际收益 u_r^2 与网络渠道边际收益 u_e^2；制造商作为追随者，根据零售商的边际收益和市场情况确定批发价 w^2。该供应链模型的定价问题主要存在三个决策目标：u_r^2、u_e^2 和 w^2。

利用逆序归纳法求解，首先，制造商的利润函数为

$$\pi_m^2=w^2(Q_e^2+Q_r^2) \tag{8-25}$$

求解制造商利润函数 π_m^2 关于批发价 w^2 的二阶偏导，$\frac{\partial^2(\pi_m^2)}{\partial(w^2)^2}=-4<0$，因此 π_m^2 为 w^2 凸函数，此时 w^2 可使 π_m^2 最大，令$\frac{\partial\pi_m^2}{\partial w^2}=0$，可得：

$$w^2=\frac{a}{4}-\frac{u_r^2+u_e^2}{4} \tag{8-26}$$

求解零售商利润函数 π_m^2 关于其边际收益 u_r^2 的二阶偏导，$\frac{\partial^2(\pi^2)}{\partial(u_r^2)^2}=-2(1+\beta)<0$，$\frac{\partial^2(\pi^2)}{\partial(u_e^2)^2}=-2(1+\beta)<0$，令$\frac{\partial\pi^2}{\partial u_r^2}=0$、$\frac{\partial\pi^2}{\partial u_e^2}=0$，可得：

实体零售传统渠道边际收益

$$u_r^2 = \frac{(\beta + k)a}{2(1 + 2\beta)} + \frac{c_r}{2} \tag{8-27}$$

实体零售网络渠道边际收益

$$u_e^2 = \frac{(1 + \beta - k)a}{2(1 + 2\beta)} + \frac{c_e}{2} \tag{8-28}$$

实体零售线下传统渠道销售价格

$$p_r^2 = \frac{(\beta + k)a}{2(1 + 2\beta)} + \frac{a}{8} + \frac{(3c_r - c_e)}{8} \tag{8-29}$$

实体零售线上网络渠道销售价格

$$p_e^2 = \frac{(1 + \beta - k)a}{2(1 + 2\beta)} + \frac{a}{8} + \frac{(3c_e - c_r)}{8} \tag{8-30}$$

实体零售线下传统渠道需求

$$Q_r^2 = \frac{ka}{2} - \frac{a}{8} + \frac{(c_e - 3c_r)}{4} \tag{8-31}$$

实体零售线上网络渠道需求

$$Q_e^2 = \frac{(1 - k)a}{2} - \frac{a}{8} + \frac{(c_r - 3c_e)}{4} \tag{8-32}$$

实体零售总需求

$$Q^2 = \frac{a}{4} - \frac{(c_r + c_e)}{2} \tag{8-33}$$

实体零售线下传统渠道利润

$$\pi_r^2 = \left[\frac{(\beta + k)a}{2(1 + 2\beta)} - \frac{c_r}{2}\right]\left[\frac{ka}{2} - \frac{a}{8} + \frac{(c_e - 3c_r)}{4}\right] \tag{8-34}$$

实体零售线上网络渠道利润

$$\pi_e^2 = \left[\frac{(1 + \beta - k)a}{2(1 + 2\beta)} - \frac{c_e}{2}\right]\left[\frac{(1 - k)a}{2} - \frac{a}{8} + \frac{(c_r - 3c_e)}{4}\right] \tag{8-35}$$

实体零售总利润

$$\pi^2 = \pi_r^2 + \pi_e^2 \tag{8-36}$$

实体零售利润

$$\pi_m^2 = \left[\frac{a}{8} - \frac{(c_r + c_e)}{8}\right]\left[\frac{a}{4} - \frac{(c_r + c_e)}{2}\right] \tag{8-37}$$

四、同价策略和异价策略的比较分析

(一) 需求对比分析

对双渠道实体零售不同定价策略下需求进行分析，可得到以下关系式。

$Q_r^1 - Q_e^1 = (2k-1)a$，当 $k = \frac{1}{2}$时，$Q_r^1 = Q_e^1$。

当 $0 < k < \frac{1}{2}$，$Q_r^1 < Q_e^1$，当$\frac{1}{2} < k < 1$，$Q_r^1 > Q_e^1$。

$$Q_r^2 - Q_e^2 = \frac{(2k-1)a}{2} - (c_r - c_e)$$

当 $0 < k < \frac{1}{2} + \frac{(c_r - c_e)}{a}$时，$Q_r^2 < Q_e^2$，当 $\frac{1}{2} + \frac{(c_r - c_e)}{a} < k < 1$ 时，$Q_r^2 > Q_e^2$。

$$Q^2 - Q^1 = -\frac{(c_r + c_e)}{4} < 0$$

$$Q_r^1 - Q_r^2 = \frac{(2k-1)a}{4} + \frac{(5c_r - 3c_e)}{2}$$

当 $0 < k < \frac{1}{2} - \frac{(5c_r - 3c_e)}{a}$时，$Q_r^1 < Q_r^2$；

$$Q_e^1 - Q_e^2 = \frac{(1-2k)a}{4} + \frac{(5c_e - 3c_r)}{2}$$

当$\frac{1}{2} - \frac{(3c_r - 5c_e)}{a} < k < 1$时，$Q_e^1 < Q_e^2$。

结合上述均衡值分析可知，在同价策略条件下，实体零售不存在线上和线下渠道间价格转移，双渠道实体零售需求只受消费者偏好的影响。因此，当消费者偏好线下传统渠道时，双渠道实体零售线下传统渠道需求大于线上网络渠道需求。当消费者偏好线上网络渠道时，双渠道实体零售网渠道需求大于传统渠道需求。而在异价策略条件下，双渠道实体零售线下传统渠道需求与线上网络渠道需求受消费者偏好、渠道销售边际成本共同影响。

由以上分析可知，双渠道实体零售定价策略对其总需求有显著影响。在利润最大化条件下，双渠道实体零售同价策略下市场需求大于异价策略下市场需求，双渠道实体零售应采取同价策略。

（二）定价对比分析

对双渠道实体零售不同定价策略下定价进行分析，可得到以下关系式：

$$w^2 - w^1 = 0$$

$$p_r^2 - p_e^2 = \frac{a(2k-1)}{2(1+2\beta)} + \frac{(c_r - c_e)}{2}$$

当 $k = \frac{1}{2} - \frac{(1+2\beta)(c_r - c_e)}{2a}$ 时，$p_r^2 = p_e^2$，当 $0 < k < \frac{1}{2} - \frac{(1+2\beta)(c_r - c_e)}{2a}$ 时，$p_r^2 < p_e^2$

当 $\frac{1}{2} - \frac{(1+2\beta)(c_r - c_e)}{2a} < k < 1$，$p_r^2 > p_e^2$。

$$p_r^2 - p^1 = \frac{a(2k-1)}{4(1+2\beta)} + \frac{(c_r - c_e)}{4}$$

当 $k = \frac{1}{2} - \frac{(1+2\beta)(c_r - c_e)}{4a}$ 时，$p_r^2 = p^1$

当 $0 < k < \frac{1}{2} - \frac{(1+2\beta)(c_r - c_e)}{4a}$，$p_r^2 < p^1$

当 $\frac{1}{2} - \frac{(1+2\beta)(c_r - c_e)}{2a} < k < 1$，$p_r^2 > p^1$。

$$p_e^2 - p^1 = \frac{a(1-2k)}{4(1+2\beta)} - \frac{(c_r - c_e)}{4}$$

当 $k = \frac{1}{2} - \frac{(1+2\beta)(c_r - c_e)}{4a}$ 时，$p_e^2 = p^1$

当 $0<k<\frac{1}{2}-\frac{(1+2\beta)(c_r-c_e)}{4a}$时，$p_e^2>p^1$

当 $\frac{1}{2}-\frac{(1+2\beta)(c_r-c_e)}{2a}<k<1$时，$p_e^2<p^1$

通过以上各关系式可知，因为 $w^2=w^1$，所以实体零售定价策略并不影响其采购价格，同价策略下双渠道实体零售定价与消费者对传统渠道的偏好无关。然而，随着消费者对实体零售线下传统渠道的偏好增加，异价策略下实体零售线上网络渠道销售价格较低，实体零售线下传统渠道价格增加。因此，在双渠道发展的不同阶段，由于消费者对线上和线下渠道购物偏好的差异，实体零售定价策略不同。

当 $1<k<k1$ 时，$p_r^2<p^1<p_e^2$

当 $k=k1$ 时，$p_r^2=p^1=p_e^2$

当 $k1<k<1$ 时，$p_r^2>p^1>p_e^2$ 结合上述分析可得结论，异价策略条件下制造商批发价等于同价策略下制造商批发价。且存在一点 k $\left[k=\frac{1}{2}-\frac{(1+2\beta)(c_r-c_e)}{4a}\right]$，令 $p_r^2=p^1$，即双渠道零售商同价策略下销售价格等于异价策略下线下传统渠道价格，存在一点 k$\left[k=\frac{1}{2}-\frac{(1+2\beta)(c_r-c_e)}{4a}\right]$使得 $p_e^2=p^1$，即双渠道实体零售同价策略下销售价格等于异价策略下实体零售线上网络渠道价格。异价策略下存在一点 k$\left[k=\frac{1}{2}-\frac{(1+2\beta)(c_r-c_e)}{2a}\right]$，使得 $p_r^2=p_e^2$，即双渠道实体零售线下传统渠道价格等于实体零售线上网络渠道价格。

（三）利润对比分析

对双渠道实体零售不同定价策略下利润进行分析，可得到以下关系式:

令 $f(k)=\pi^2-\pi^1$，则$\frac{\partial f(k)}{\partial k}=\frac{(2k-1)a^2}{2(1+2\beta)}+\frac{(c_e-c_r)(3+\beta)a}{4(1+2\beta)}$

当 $\frac{1}{2}+\frac{(c_e-c_r)(3+2\beta)}{4a}<k<1$时，$\frac{\partial f(k)}{\partial k}>0$

当 $0<k<\frac{1}{2}+\frac{(c_e-c_r)(3+2\beta)}{4a}$时，$\frac{\partial f(k)}{\partial k}<0$

当 $k=\frac{1}{2}+\frac{(c_e-c_r)(3+2\beta)}{4a}$时，$\frac{\partial f(k)}{\partial k}=0$

可以观察到，双渠道实体零售异价策略与同价策略条件下利润之间的差值随着消费者对传统渠道的偏好增加呈现先递减后递增的变化趋势，当 $k=\frac{1}{2}+\frac{(c_e-c_r)(3+2\beta)}{4a}$时，$f(k)$ 达到最小值。

若 $f\left(k=\frac{1}{2}+\frac{(c_e-c_r)(3+2\beta)}{4a}\right)>0$，则此时 $\pi^2>\pi^1$ 恒成立。

若 $f\left(k=\frac{1}{2}+\frac{(c_e-c_r)(3+2\beta)}{4a}\right)=0$，此时存在一点 $k\left[k=\frac{1}{2}+\frac{(c_e-c_r)(3+2\beta)}{4a}\right]$，使得 $\pi^2=\pi^1$。当 $k\neq\frac{1}{2}+\frac{(c_e-c_r)(3+2\beta)}{4a}$时，$\pi^2>\pi^1$。

若 $f\left(k=\frac{1}{2}+\frac{(c_e-c_r)(3+2\beta)}{4a}\right)<0$，则存在两点 k_1、k_2，当 $0<k_1<\frac{1}{2}+\frac{(c_e-c_r)(3+2\beta)}{4a}<k_2<1$，使得 $f(k_1)=f(k_2)=0$。当 $k_1<k<k_2$ 时，$\pi^2<\pi^1$；当 $k=k_1$ 或 $k=k_2$ 时，$\pi^2=\pi^1$，当 k 处于其他范围时，$\pi^2<\pi^1$。

通过以上分析可知，同价策略下实体零售市场需求大于异价策略下实体零售的市场需求，且实体零售采购价格（制造商批发价）相等，而同价策略下制造商利润大于异价策略下制造商利润。因此，双渠道实体零售定价策略由消费者偏好、渠道单位成本与线上线下渠道间价格转移系数共同决定。

第二节　算例分析及敏感度分析

一、算例分析

前述算式分析了双渠道实体零售的同价和异价定价策略，并给出了均衡解，并对两种策略下需求、利润进行对比分析。本节将运用算例，分析不同情况下双渠道实体零售的定价策略。首先，令参数 $\kappa=0.6$，$\beta=0.2$，$\partial=100$，$c_r=3$，$c_e=2$，可得到数值模拟结果（见表 8－1）。

表 8－1　　　　双渠道实体零售定价策略的数值模拟结果

渠道	同价策略	异价策略
传统渠道定价	38.125	41.946
网络渠道定价	38.125	34.304
制造商批发价	11.875	11.875
传统渠道需求	21.875	15.75
网络渠道需求	1.875	6.75
零售商总需求	23.75	22.5
零售商利润	554.063	564.268
制造商利润	282.031	267.188

对表 8－1 进行分析可知，当消费者偏好传统渠道时，同价策略条件下双渠道实体零售线下传统渠道需求大于异价策略下线下传统渠道需求，同价策略下双渠道实体零售线上网络渠道需求小于异价策略下线上网络渠道需求。同时，双渠道实体零售同价策略下市场需求大于异价策略下市场需求。因此，从市场需求方面考虑，同价策略是双渠道实体零售的最优定价策略。但是，由于现实中实体零售线下传统渠道边际成本大于线上网络渠道边际成本，因此，异价策略下双渠道实体零售可根据消费者对渠道的偏好，提高其线下传统渠道价格，并降低线上网络渠道价格，从而运用线上和线下渠道的异价策略获得更多的边际收益与利润，从而更加灵活地应对市场变化带来的冲击。

对于制造商而言，实体零售定价策略的选择对其批发价（实体零售采购价）的制定没有影响，但是双渠道实体零售同价策略下市场需求大于异价策略下市场需求，同价策略下制造商会获得比异价策略下更多的利润。因此，相较于异价策略的双渠道实体零售，制造商更加偏向于与采取同价策略的双渠道实体零售合作。

二、对市场潜在需求的灵敏度分析

由经济学供求原理可知，市场需求将影响厂商的定价行为，当市场潜在需求变化时，实体零售需要调整相应的定价策略。假设双渠道零售商传统渠道与网络渠道需求分别为：

$$Q_r = ka - p_r - \beta(p_r - p_e) \quad (8-38)$$

$$Q_e = (1-k)a - p_e + \beta(p_r - p_e) \quad (8-39)$$

此需求曲线为线性需求曲线，假设价格敏感系数为 1，以下讨论双渠道实体零售不同策略下定价对市场需求 α 的敏感度分析。

（一）双渠道零售商不同策略下定价敏感度分析

假设 $\kappa = 0.6$，$\beta = 0.2$，$\partial = 100$，$c_r = 3$，$c_e = 2$。由于成本、替代品、互补品价格上升等因素，市场潜在需求量由 100 逐渐减少至 10，双渠道实体零售不同策略下定价对市场需求的敏感度分析如表 8－2 所示。

表 8－2　双渠道实体零售不同策略下定价对市场需求的敏感度分析

a	p^1	p_r^2	p_e^2
100	38.125	41.946	34.303
90	34.375	37.839	30.911
80	30.625	33.732	27.518
70	26.875	29.625	24.125
60	23.125	25.518	20.732
50	19.375	21.411	17.339
40	15.625	17.304	13.946
30	11.875	13.196	10.553
20	8.125	9.089	7.160
10	4.375	4.982	3.768

由表 8－2 可以看出，双渠道零售商不同定价策略下的最优定价均为市场潜在需求量的线性函数，市场潜在需求量减小，零售商应制定更低的价格。当市场潜在需求量每减少 1 个单位时，同价策略下零售商销售价格应当下降 0.375 个单位，异价策略下线下传统渠道价格与线上网络渠道价格分别下降 0.41 个单位和 0.34 个单位，同价策略与异价策略条件下制造商批发价均减少 0.125 个单位。可以看出，当市场潜在需求减少，异价策略下实体零售线下传统渠道边际利润下降得最快。因此，可知双渠道实体零售不同策略下销售价格与市场潜在需求成正比，且随着市场潜在需求的减少，双渠道实体零

售不同策略下销售价格越来越接近。

（二）双渠道实体零售不同策略下利润敏感度分析

同样引用上文所用的数据，$\kappa=0.6$，$\beta=0.2$，$\partial=100$，$c_r=3$，$c_e=2$。假设市场潜在需求由 100 减至 10，此时双渠道实体零售利润变化数据如表 8－3 所示。

表 8－3　　双渠道实体零售不同策略下利润对市场需求的敏感度分析

a	π^1	π^2
100	554.063	564.267
90	442.563	448.714
80	343.563	346.375
70	257.063	257.25
60	183.063	181.339
50	121.563	118.642
40	72.563	69.160
30	36.0625	32.892
20	12.063	9.839
10	0.563	0

由表 8－3 可知，双渠道实体零售利润与潜在市场需求为正相关的关系，当市场需求量增加时，实体零售的利润也增加。当消费者较为偏好传统渠道购买时，双渠道实体零售异价策略价格制定较为灵活，从而抢占了大量市场份额。此时，由于线上网络渠道需求较少，双渠道实体零售实施异价策略获得的利润大于同价策略条件下的利润，即 $\pi^2>\pi^1$。同价策略条件下实体零售利润下降得较慢，当市场潜在需求减少至一定数值（60）时，$\pi^1>\pi^2$。因此，当市场中传统渠道份额较大时，随着市场整体潜在需求的减少，双渠道实体零售的最佳定价策略由异价策略变为同价策略。这是因为，随着市场潜在需求的较少，市场竞争更加激烈，此时只有减少线下传统和线上网络渠道间价格竞争才能使其得到更大的利润。

三、对消费者偏好的灵敏度分析

（一）双渠道零售商不同策略下定价敏感度分析

在前文讨论的基础上，假设 $\kappa = 0.6$，$\beta = 0.2$，$\partial = 100$，$c_r = 3$，$c_e = 2$。假设由于电子商务和网购的快速发展，消费者对线下传统渠道偏好逐渐减少，κ 由 1 减少至 0，此时双渠道实体零售销售价格变化数据如表 8 - 4 所示。

表 8 - 4　　双渠道实体零售不同策略下最优定价对的敏感度分析

k	p^1	p_r^2	p_e^2
1	38.125	56.23214	20.01786
0.9	38.125	52.66071	23.58929
0.8	38.125	49.08929	27.16071
0.7	38.125	45.51786	30.73214
0.6	38.125	41.94643	34.30357
0.5	38.125	38.375	37.875
0.4	38.125	34.80357	41.44643
0.3	38.125	31.23214	45.01786
0.2	38.125	27.66071	48.58929
0.1	38.125	24.08929	52.16071
0	38.125	20.51786	55.73214

从表 8 - 4 可以看出，同价策略下双渠道实体零售销售价格与消费者对线下传统渠道的偏好数值大小无关。在异价策略条件下，双渠道实体零售线下传统渠道价格与消费者对线下传统渠道的偏好成正比，线上网络渠道价格与消费者对线下传统渠道的偏好成反比。消费者对线上传统渠道的偏好每减少 0.1 个单位，线下传统渠道价格将下降 3.57 个单位，线上网络渠道价格将上升 3.57 个单位。当消费者偏好变化时，实体零售不同定价策略下定价关系发生变化。这说明，随着消费者对线下传统渠道的偏好降低，实体零售应实施异价策略，适当降低线下传统渠道的销售价格，并适当提高线上网络渠道的销售价格，以应对消费者消费偏好的转变。

（二）双渠道零售商不同策略下利润敏感度分析

同样运用上文所用数据，假设 $\kappa=0.6$，$\beta=0.2$，$\partial=100$，$c_r=3$，$c_e=2$，并假设消费者对传统渠道偏好 κ 由 1 逐渐减少至 0。此时，双渠道实体零售不同定价策略下利润的变化如表 8－5 所示。

表 8－5　双渠道实体零售不同定价策略条件下利润对消费者偏好的敏感度分析

k	π^1	π^2
1	514.0625	1397.125
0.9	524.0625	1081.768
0.8	534.0625	837.8393
0.7	544.0625	665.3393
0.6	554.0625	564.2679
0.5	564.0625	534.625
0.4	574.0625	576.4107
0.3	584.0625	689.625
0.2	594.0625	874.2679
0.1	604.0625	1130.339
0	614.0625	1457.839

从表 8－5 中可以看出，在实体零售线上网络渠道发展初期，线下传统渠道需求远大于线上网络渠道需求，异价策略下实体零售根据不同渠道需求制定销售价格，此时 $\pi^2>\pi^1$。随着消费者对线下传统渠道的偏好减弱，对于实施同价策略的双渠道实体零售而言，销售价格不变且与消费者偏好系数无关。当消费者偏好系数进一步减少时，消费者更加偏好线上网络渠道购买商品。同时，由于线上网络渠道单位销售成本小于线下传统渠道销售单位成本，因此，线上网络渠道需求增加，零售商利润增加。在异价策略条件下，随着电子商务和网购稳步发展，消费者越来越偏好于网络购物，线下传统渠道需求逐渐减少，销售价格进一步降低，线上网络渠道需求逐步增加、价格上升，实体零售利润呈现先减后增的变化趋势。因此，在线下传统渠道与线上网络渠道需求相差较小时，同价策略是双渠道实体零售的最优定价策略。

四、对渠道间价格差异转移系数的灵敏度分析

(一) 双渠道零售商不同策略下定价敏感度分析

在前文讨论的基础上，假设 $\kappa = 0.6$，$\beta = 0.2$，$\partial = 100$，$c_r = 3$，$c_e = 2$。假设渠道间价格差异转移系数 β 由 0 增加至 1，此时双渠道实体零售最优定价变化如表 8 –6 所示。

表 8 –6　　双渠道实体零售不同策略下最优定价对渠道间价格差异转移系数的敏感度分析

β	p^1	p_r^2	p_e^2
0	38. 125	43. 375	32. 875
0. 1	38. 125	42. 542	33. 708
0. 2	38. 125	41. 946	34. 303
0. 3	38. 125	41. 5	34. 75
0. 4	38. 125	41. 153	35. 097
0. 5	38. 125	40. 875	35. 375
0. 6	38. 125	40. 647	35. 602
0. 7	38. 125	40. 458	35. 791
0. 8	38. 125	40. 298	35. 951
0. 9	38. 125	40. 161	36. 089
1	38. 125	40. 042	36. 208

从表 8 –6 中可以看出，同价策略下双渠道实体零售销售价格与渠道间价格差异转移系数无关，此时不存在价格差异。异价策略下双渠道实体零售线下传统渠道价格大于线上网络渠道价格，且双渠道实体零售线下传统渠道价格与 β 成反比，线上网络渠道价格与 β 成正比。在消费者对线上传统渠道偏好较大时，市场需求对渠道间价格差异越敏感，双渠道实体零售线下传统渠道应当制定更低的价格，而线上网络渠道应当适当地提高销售价格，两种渠道之间的价差减少。这说明随着实体零售线上网络渠道不断发展与完善，线上网络渠道与线下传统渠道之间信息、技术、产品、服务等要素的融合发展，

不同渠道提供的产品与服务区别逐渐减少。因此，越来越多的消费者开始转向价格较低的渠道进行购买。此时，实体零售需要逐步实现同价策略。

（二）双渠道实体零售不同策略下利润敏感度分析

在前文讨论的基础上，假设 $\kappa=0.6$，$\beta=0.2$，$\partial=100$，$c_r=3$，$c_e=2$。假设渠道间价格差异转移系数 β 由 0 增加至 1。此时，双渠道实体零售不同策略下利润随渠道间价格差异转移系数的变化而变化，如表 8－7 所示。

表 8－7 双渠道实体零售不同定价策略下利润对渠道间价格差异转移系数的敏感度分析

β	π^1	π^2
0	554.063	577.125
0.1	554.064	569.625
0.2	554.062	564.267
0.3	554.062	560.25
0.4	554.062	557.125
0.5	554.062	554.625
0.6	554.062	552.579
0.7	554.062	550.875
0.8	554.062	549.432
0.9	554.062	548.196
1	554.062	547.125

由表 8－7 可以看出，在同价策略下，由于不存在价差，双渠道实体零售不受渠道间价格差异转移系数的影响。而在异价策略条件下，随着线上和线下渠道间价格差异转移系数的增加，实体零售线上网络渠道价格上升，线下传统渠道价格下降。同时，线下传统渠道与线上网络渠道需求都减少，且线上网络渠道价格上升的幅度小于线上网络渠道需求减少的幅度。因此，双渠道实体零售利润较少。在异价策略条件下，当价格差异转移系数为 0 时，实体零售线下传统渠道需求大于线上网络渠道需求，双渠道实体零售在线下传统渠道采用高价策略，而在线上网络渠道采用低价策略。当价格差异转移系

数为1时，只要渠道间存在价格差异，消费者就会在价格较低的线上网络渠道进行购买，因此，此时须采取同价策略。因此，随着渠道间价格差异转移系数逐渐增加，双渠道实体零售应当适应地调整线下传统渠道与线上网络渠道价格，减少二者之间的差异，逐渐将异价策略转向同价策略。

第三节 国美电器双渠道定价策略的案例分析

通过前文研究发现，双渠道实体零售应当根据市场与产品自身因素分别定价。本节采用国美电器对双渠道实体零售的定价策略进行研究，由于本节研究针对的是在流通中占主导地位的大型实体零售商，而国美电器作为实体零售商中的主导企业，在流通渠道中占据市场优势地位。面对互联网流通带来的冲击，国美电器于2012年导入线上网络渠道，构建面向广大消费者的网上交易平台国美在线，抢占网络渠道的市场份额。因此，本节以国美电器为例，对实体零售双渠道定价策略进行分析，更加符合前文的假设。以下通过对2017年7月安徽省蚌埠市国美电器进行实地调研，对空调、洗衣机、微波炉、电视线下实体店销售价格与国美线上自营销售到蚌埠的价格进行对比分析，研究国美电器的定价策略，国美电器线下和线上渠道商品销售价格如表8－8所示（为剔除促销因素的影响，所比较的商品均为未实施促销的商品）。

表8－8 国美电器线下和线上渠道商品销售价格对比表

产品类型	品牌	型号	国美线下	国美在线	价差（%）
空调	格力	KFR－35GW/(35559)FNAa－A3	3899	3499	10.26
		KFR－35GW/(35575)FNAa－A3	4150	3870	6.75
		KFR－35GW/(35583)FNDa－A2	4450	4370	1.80
		KFR－35GW/(35595)FNhAa－A1	5099	4899	3.92
	海尔	KFR－35GW/15DDAB22AU1	5199	4399	15.39
		KFR－35GW/15DBA21AU1	6999	5799	17.15
		SKFR－72LW/11WDC23A	8999	8599	4.44

续表

产品类型	品牌	型号	国美线下	国美在线	价差(%)
洗衣机	小天鹅	TG100－1422WDG	4999	3998	20.02
		TD100－1422WIDG	5998	5998	0.00
		TD100－1616WMIDG	9298	9298	0.00
微波炉	格兰仕	G80F20CN2L－B8－S0	799	499	37.55
		G90F25CN3LV－C3(G1)	1598	1299	18.71
		G90F25MSXLVII－A7(B0)	2099	1680	19.96
		G80F25MSXLVII－ZM(M0)	3099	2599	16.13
电视	海信	LED43M5000U	3999	3399	15.00
		LED43M5600UC	4399	2299	47.74
		LED43M7000U	4699	3999	14.90
		LED60K5500U	6999	6299	10.00
		LED55N72U	6999	5499	21.43
		LED65M5600UC	9999	8999	10.00
		LED55NU8800U	14999	11999	20.00
		LED75XT900X3DU	19999	19999	0.00

注：价差＝（国美电器实体销售价格－国美在线销售价格）/国美电器实体销售价格。
资料来源：根据门店调研数据整理而得。

通过表8－8可知，国美电器实体店销售价格大于或等于国美在线的销售价格。通过对以上五种电器不同渠道销售价格进行价差分析可以发现，随着商品价格的上升，除了个别商品以外，一般商品不同渠道之间的价差相应减少。对于中低档商品而言，消费者购买所考虑的因素较少。此时，国美电器采取异价策略。对于价格较高弹性较大的耐用消费品，消费者消费决策比较慎重，消费者也更加偏好实体店提供的服务与售后保证，此时渠道间价格差异转移系数较小，不同渠道商品价差减少。因此，对于价格较高的耐用商品而言，为保证产品销量与收入，国美电器采用线上线下同价策略进行销售。

第九章

流通功能拓展的影响因素分析

本书第三章的实证研究结果表明，在不同的区域，现代流通业的影响效应存在差异，近年来从制度层面解释区域经济差异的文献非常丰富，流通业对制造业效率提升的影响效应是否也受到制度因素的影响？随着服务业发展比重提升和中国市场化进程的推进，国内学者也逐渐关注制度对服务业发展的影响。江小涓（2008）指出，市场准入和行业垄断制约了我国服务业的发展。对于流通业，学者们普遍认为体制障碍制约了流通创新和现代流通业发展（宋则，荆林波，2004；黄国雄，2011）。汪德华、张再金、白重恩（2007）对 114 个国家服务业发展比重的实证研究表明，提升法制水平将显著提高服务业比重，而政府规模增长将显著降低服务业比重。张杰（2011）和刘志彪（2009）经验研究表明，制度对企业出口和效率提升产生非常明显的作用。顾乃华（2010）对我国 222 个地级市实证研究表明，政策环境的完善显著提升生产性服务业对工业获利能力的外溢效应。丁宁（2010）实证分析零售商主导的生产者服务在区域和行业的绩效差异，发现在市场化程度越高的区域，生产者服务绩效越高。也有研究成果表明，现代流通业通过组织和技术创新成为生产者服务的重要组成部分，并对制造业效率提升产生积极的外溢效应，制度在生产性服务业对工业的外溢效应中扮演着非常重要的角色（顾乃华，2010）。但生产者服务业内部组成部分和发展水平存在较大差异，不同的生产者服务业对制造业的外溢效应也不同，制度对不同类型的生产者服务业外溢效应中又扮演着怎样的角色？现有实证研究选择的制度变量主要选择市场化指数（张杰，2010）、外资投资工业企业产值比重（顾乃华，2010），未深入分析制度因素中具体层面对生产者服务业外溢效应的影响。

事实上，制度因素中产品、市场、中介组织的发育及法律制度因素对价值链分工的深化和广化、维护利益共享的契约机制影响程度是不同的。在不同的制度环境中，流通企业生产者服务的规模、功能及价值链系统创新集成机制也存在较大差异，这都必然影响产品价值的最终交付和制造业效率的外溢效应，而现有的文献研究对此关注和深入的实证研究较少。

大力发展生产者服务业是转变经济增长方式和提升产业竞争力的有效途径，研究制度在生产者服务业促进制造业效率中作用，不仅拓展服务业发展阶段论的研究深度，而且从制度层面理解生产者服务业对制造业效率提升的作用路径提供新的解释，从而为我国发展生产性服务业和提升制造业竞争力提供政策依据。本章在相关研究的基础上，联系中国市场化改革的背景与流通创新的现实状况，运用中国2000～2016年省级面板数据，从流通制度、组织与技术创新视角研究制度因素在流通业促进制造业效率提升过程中的作用，重点分析制度的具体层面与流通组织、技术创新以及制造业效率的交互作用。另外，我国在流通组织和技术创新还存在一些局限，从而影响流通企业生产者服务的规模与功能，制约产销双方在利益共享条件下形成价值链系统创新集成机制，很大程度上也影响了产品价值的最终交付。本章将联系中国市场化改革的背景与流通功能拓展的现实背景，从流通制度、组织与技术创新角度出发，分析制约流通业影响效应的因素，为提升流通业影响效应和发展流通业提供政策建议。

第一节　制度因素对流通业外溢效应的影响

一、理论分析与基本假说

制度层面包含诸多因素，根据《中国市场化进程报告》，制度包括政府与市场的关系、非国有经济的发展、产品市场的发育程度、要素市场的发育程度、市场中介组织发育和法律制度环境五方面内容。根据已有的研究和流通业发展背景，制度影响流通业对制造业的外溢效应主要源于产品市场发育、法律制度环境、价格由市场决定的程度、消费者权益保护等方面。

产品市场发育主要包括价格由市场决定的程度和减少地方保护的程度。价格是反映市场资源配置的重要信号，专业化、高质量的生产者服务的引入，将逐步增强产品满足顾客差异化需求的能力，最终交付给顾客价值也更高。在这种情形下，产品高于同类产品价格销售来源于传递更高的顾客价值。制造企业出于产品差异化和创造更高顾客价值的考虑，必然衍生高质量生产者服务的动机，而流通企业通过组织和技术创新提升生产者服务的专业化水平和供给响应服务中间需求的增长，对制造业效率提升产生更大的外溢效应。价格由市场决定的程度也反映出生产者服务按质论价的特点，即生产者服务的价格取决于流通企业服务专业化水平和市场竞争程度。价格与市场决定的程度越高，制造业选择相应流通企业外包生产者服务的动力越大，而扭曲的产品市场价格将抑制服务外包的需求。

减少地方保护有利于促进市场竞争水平。地方保护程度高，受到保护的企业凭借市场准入、许可证等限制可以获取垄断收益，这必然削弱借助高质量生产者服务提升产品价值的需求，衍生的生产者中间服务需求也受到很大程度抑制。除此之外，地方保护主义还抑制生产者服务业自身发展，中国生产者服务业进入壁垒较高，地方保护主义进一步提升生产者服务业不完全竞争程度，使制造企业被锁定在本地专业化水平较低的生产者服务企业，这使素质和专业化水平更高的外地流通企业难以通过高质量的生产者服务参与制造企业的价值链升级和创新过程。减少地方保护将不仅有利于提升本地产品市场的竞争程度，而且将促进本地生产者服务业市场的发展，这都将扩大流通企业生产者服务对制造业的外溢效应。基于以上分析，本节提出假设H9 -1。

H9 -1：产品市场发育程度与商贸服务外溢效应正相关，在价格由市场决定和地方保护程度越弱省份，基于流通创新的现代商贸服务对制造业外溢效应越大。

生产性服务的无形、异质性特点使其生产与消费需要较为完备的契约以界定相关主体的责任边界，完善的法律制度环境将保证契约制定和执行的质量，构建生产者服务业供给者和需求方行为的稳定结构，降低契约执行中的不确定性，促进生产者服务与制造业价值链的作用强度。法律制度环境包括对生产者权益、知识产权和消费者权益的保护。保护生产者权益的法律制度将提升市场秩序的质量，使经营主体难以通过假冒伪劣、不正当竞争等行为牟利，从而保障流通和制造企业在价值链创新活动中收益，也使制造企业借助流通企业专业化的生产者服务得以在工艺、流程和技术上实现价值链升级。另外，在产业内和产业链的纵向结构中，有效的政府规制法律将约束厂商的经营行为，借此构建信息共享和利润共创的价值链合作共赢机制。

流通创新来自组织和技术层面，保护知识产权将保障流通技术进步和创新的收益，并推动制造业和流通业之间围绕产品、工艺、流程和价值增值进行跨行业的组织创新。维护知识产权也有利于制造企业借助流通企业的产品需求信息和专家支持进行产品创新和升级，这将增强制造企业对流通企业生产者服务需求，强化流通创新基础上的生产者服务对制造业效率提升的外溢效应。而较低的知识产权保护程度地区不仅影响流通技术创新的收益，还将弱化企业产品升级和价值链创新动力，从而抑制产品升级和价值增值衍生的生产者服务需求。

顾客是产品价值交付的最终对象，在顾客经济时代，生产者和流通企业需要紧紧围绕顾客需求完成产品价值形成、增值和交付。但我国目前确实存在不法商家和企业侵害消费者权益的现象，这也影响了其他企业围绕顾客需求的价值链创新活动。加强消费者权益保护将打击这样的不法行为，维护正常的市场竞争秩序，使企业竞争立足于产品最终价值交付，促进制造企业和流通企业的价值共创。另外，加强消费者权益的保护将提升顾客对产品需求的质量和水平，而根据波特的国家竞争优势理论，顾客需求水平的提升将刺激企业的产品创新，从而促进流通企业生产者服务水平和质量的提升，扩大流通创新对制造业效率提升的外溢效应。综上所述，本节提出假设 H9－2。

H9－2：法律环境质量与商贸服务外溢效应正相关，在生产者、知识产权和消费者权益受保护程度越高的省份，基于流通创新的现代商贸服务对制造业外溢效应越大。

二、研究设计

（一）模型设定与变量说明

基于已有的研究和以上的理论分析，结合中国流通创新和市场化转型的背景，本章的基本计量模型设定为式（9－1）。

$$TFP_{it} = \alpha_i + \alpha_1 SM_{it} + \alpha_2 SM_{it} \cdot zd_{it} + \alpha_3 kz_{it} + \lambda_t + \varepsilon_{it} \tag{9-1}$$

式（9-1）中的被解释变量 TFP_{it}是反映制造业价值链创新绩效的指标，使用制造业生产率指数来衡量，运用数据包络方法（DEA）计算制造业 Malmquist 全要素生产率指数而得。模型中 SM_{it}反映流通业流通创新的解释变量，由流通业技术进步指数（smte）表示流通技术创新，使用流通业规模效率指数（smse）表示流通组织创新。smte 和 smse 的具体数值运用 DEA 方法计算流通业 Malmquist 全要素生产率指数并对其进行分解而得。

zd 表示各省份的制度因素，$SM_{it} \cdot zd_{it}$为流通创新与制度变量的交互项。制度因素是一个涵盖诸多层面的复合指标，在现有的对于中国市场化进程指数的研究中，樊纲、王小鲁（2011）《中国市场化指数报告》中的指标较为全面，应用也较为广泛。因此，在具体制度变量选择上，本章根据理论分析和研究假设，选择整体市场化指数（sch）、价格由市场决定的程度（jg）、减少地方保护程度（dfbh）、法律制度环境（law）、生产者权益保护（scbh）、知识产权保护（zscq）来衡量相应制度因素变革。

kz 为模型控制变量集合，目的是控制除流通创新外其他影响制造业劳动生产率的因素，包括制造业资本有机构成（capit）、外资经营比重（wz）、制造企业规模（scale）和制造企业数目（num）。制造业资本有机构成（capit）以各省份国有及规模以上非国有企业固定资产年平均余额除以从业人数而得，外资经营比重（wz）以各省份外资企业投资额与地方国内生产总值比重来表示，制造企业规模（scale）以各省份国有及规模以上非国有制造企业资产总额表示，制造企业数目（num）以各省份国有及规模以上非国有制造企业总数来衡量。在式（9-1）中，α_i 表示省市固定效应，λ_t 表示年份固定效应，ε_{it}表示随机扰动项，假设它们服从独立同分布。

（二）数据来源及研究方法

本章以 2000～2009 年中国 31 个省份作为研究样本，构造面板模型进行计量检验，所用的具体数据来源于 2000～2009 年《中国统计年鉴》和《中国市场化指数报告》。[①] 在实证分析中，先对加入制度变量的面板数据模型进

① 完整的中国市场化及各项分项指数只发布到 2009 年，因此本章采用 2000～2009 年的样本。

行基本回归，然后使用差分广义矩（GMM-DIFFENCE）和系统广义矩（GMM-SYETEM）处理模型的内生性问题，通过 Sargan 检验考察工具变量的有效性，并结合扰动项自相关检验讨论系统广义矩和差分广义矩的适用性。最后，选择流通创新的不同代理变量分析以上实证结果的稳健性。

三、基本实证分析结果

表 9-1 是实证分析的基本分析结果，其中，模型（1）反映流通业技术进步与产品市场发育交互项对制造业价值链创新绩效的影响，模型的估计系数符号为正且在 1% 的水平上具有统计显著性。结果表明流通业技术创新在产品发育程度越高的区域，越能通过价值链互动发展促进制造业效率的提升，这也反映流通制度创新和技术创新交互作用将强化与制造企业价值链互动发展的程度，从而产生较好的价值链创新绩效。

表 9-1　制度因素影响流通创新对制造业效率外溢效应的估计结果

解释变量	被解释变量：各省制造业技术进步指数							
	模型（1）	模型（2）	模型（3）	模型（4）	模型（5）	模型（6）	模型（7）	模型（8）
constant	0.837*** (0.076)	0.528*** (0.029)	0.578*** (0.032)	0.780*** (0.120)	0.557*** (0.031)	0.652*** (0.056)	1.55*** (0.702)	0.508*** (0.059)
Smte	0.220*** (0.070)	0.0962** (0.043)	0.120*** (0.042)	0.225* (0.100)	0.072* (0.039)	—	—	—
Smte · cp	0.006*** (0.003)	—	—	—	—	—	—	—
Smte · jg	—	0.008*** (0.003)	—	—	—	—	—	—
Smte · law	—	—	-0.006 (0.003)	—	—	—	—	—
Smte · zscq	—	—	—	-0.002 (0.002)	—	—	—	—
Smte · scbh	—	—	—	—	0.011*** (0.002)	—	—	—
Smme	—	—	—	—	—	0.083 (0.057)	0.095* (0.058)	0.095* (0.058)

续表

解释变量	被解释变量：各省制造业技术进步指数							
	模型（1）	模型（2）	模型（3）	模型（4）	模型（5）	模型（6）	模型（7）	模型（8）
Smme · cp	—	—	—	—	—	0.013 *** (0.004)	—	—
Smme · dfbh	—	—	—	—	—	—	0.008 *** (0.002)	—
Smme · law	—	—	—	—	—	—	—	0.010 *** (0.003)
scale	2.68e −06 * (4.85e −06)	2.85e −06 *** (5.79e −06)	2.5e −05 *** (5.60e −06)	2.81e −06 * (5.16e −06)	2.39e −05 *** (5.37e −06)	2.13e −05 * (5.56e −06)	3.57e −07 * (3.24e −06)	2.75e −06 * (4.59e −06)
mafixt	1.86e −07 ** (7.84e −08)	6.44e −08 ** (8.6e −08)	3.22e −07 ** (6.79e −08)	2.18e −07 ** (1.14e −07)	1.23e −07 ** (7.36e −08)	3.18e −07 ** (6.53e −08)	1.5e −07 ** (7.02e −08)	2.47e −07 *** (8.59e −08)
Num	-1.07e-06*** (1.25e −06)	-5.06e-09*** (1.60e −06)	−6.51e−06** (1.71e −06)	-6.55e-06*** (1.79e −06)	-8.18e-06*** (1.63e −06)	-6.91e-06*** (1.65e −07)	-2.3e-06*** (8.78e −07)	-5.68e-06 (1.26e −06)
Wz	0.002 * (0.003)	0.015 *** (0.003)	0.008 *** (0.003)	0.005 * (0.003)	0.008 *** (0.003)	0.008 *** (0.003)	0.008 * (0.004)	0.025 *** (0.003)
F	33.26	28.51	23.97	34.12	27.77	25.05	31.43	36.79
Year	控制	控制	控制	控制	控制	控制	控制	控制
R^2	0.45	0.45	0.35	0.50	0.38	0.36	0.41	0.48
Hausman	0.0093	0.0006	0.0001	0.0205	0.0000	0.0002	0.0000	0.1344

注：***、**、*分别表示在1%、5%和10%的水平下显著，Sample表示样本值，Year表示年份效应。

模型（2）考察流通技术创新与价格由市场决定程度的交互项对制造业价值链创新绩效的影响，实证结果显示流通技术创新与价格由市场决定程度交互项估计系数的符号为正并通过显著性水平检验。这说明，在价格由市场决定程度越好的环境中，流通业的技术进步越能促进制造业价值链。价格机制越完善，流通业越能借助现代信息技术进行电子商务和物流配送环节的创新，越能实现价格形成和披露机制，并通过价值链主体的敏捷制造实现对顾客需求的快速反应。

模型（3）加入流通技术进步及其与法律环境指数的交互项，实证结果显示，交互项估计系数符号为负，未通过显著性水平检验。由于法律制度环境包含生产者权益保护、知识产权保护和消费者权益保护，研究法律环境对流通技术进步外溢效应的影响需要细分具体的层面。

模型（4）考察流通技术进步与知识产权指数的交互项对制造业价值链创新绩效的影响，实证结果显示，流通技术创新与价格由市场程度的交互项估计系数的符号为负，未通过显著性水平检验。原因在于，近年来我国流通业的技术进步主要是应用现代信息技术改造传统的业务流程，自主研发的流通技术进步比例还比较低，与西方大型流通企业的自主技术创新水平还存在较大差距，因此知识产权保护对流通技术进步外溢效应的影响不显著。另外，在模型中加入流通技术进步与消费者权益保护的交互项的估计结果也不显著，在表7－1中未列出。

模型（5）加入流通技术创新与生产者保护指数交互项，实证结果显示流通技术进步及与生产者保护指数交互项估计系数符号为正并通过显著性水平检验。这说明，在生产者保护程度越高的区域中，流通业的技术进步越能促进制造业价值链效率提升。法律环境对流通技术进步外溢效应的影响可能主要来自生产者保护层面。模型（6）加入流通组织创新与产品市场发育程度交互项对制造业价值链创新绩效的影响，实证结果表明，交互项估计系数符号为正在1%水平上具有统计显著性。这说明，在产品市场发育程度越好的省份中，流通业的组织创新越能促进制造业价值链效率提升。

模型（7）和模型（8）分别加入流通组织创新与减少地方保护程度指数和法律环境指数的交互项，交互项估计系数符号为正并都通过1%显著性水平检验，流通组织创新估计系数为正，但统计显著性水平低于交互项。细分法律环境的具体层面，从生产者保护和消费者保护的估计结果与整体法律环境指数的估计结果相比，交互项和反映流通组织创新的解释变量显著性检验未发生较大变化，因此未在表7－1中列出。这表明，在减少地方保护程度越高和法律环境越好的省份中，流通组织创新更能有效地促进制造业价值链创新绩效的增长。减少商品市场地方保护将有助于构造统一的国内市场，这将有利于现代流通业实现跨区域资产重组和发展连锁经营网络，推动其以双边交易平台、供应链战略联盟等组织创新与制造业互动发展，这将促进国内价值链的延伸和发展，从而创造卓越的价值链创新绩效。而法律制度越完善，将克服由市场势力上升导致的过度渠道冲突，这有利于价值链各方主体将在利益共享基础上共同致力于产品、流程、工艺、整链升级和创新。保护消费者权益的法律也将提升消费者甄别产品质量的知识、能力及维权意识，从而推动产品需求规模和层次提升，这为提升制造业价值链创新绩效和构建国内价值链营造有利市场需求环境。

在关于模型固定效应和随机效应的豪斯曼检验结果上，模型（1）、模型（2）、模型（3）、模型（5）、模型（6）和模型（7）豪斯曼检验的相伴概率在1%的水平上拒绝随机效应，模型（4）在5%的水平上拒绝随机效应，模型（8）豪斯曼检验的相伴概率为0.1344。模型（8）以随机效应解释实证分析结果，其余均以固定效应解释实证分析结果。在细分具体制度因素后，模型（1）至模型（8）中控制变量均通过显著性水平检验。

模型（1）、模型（2）、模型（6）和模型（7）的实证研究结果基本验证了假设H9-1，产品市场发育程度与商贸服务外溢效应正相关，即价格由市场决定的程度和地方保护程度越弱的省份，基于流通创新的现代商贸服务对制造业外溢效应也越高。而模型（5）和模型（8）的估计结果基本验证了假设H9-2，法律环境质量与商贸服务外溢效应正相关，在生产者和消费者权益保护程度越高的省份，基于流通创新的现代商贸服务对制造业外溢效应越大。但法律制度对流通组织创新和技术进步的外溢效应的影响存在差异，法律制度在流通组织创新对制造业的外溢效应中比较显著，但在流通技术进步对制造业外溢效应中作用中，知识产权保护对流通技术进步外溢效应影响不显著，原因可能在于目前中国流通业技术进步主要来源于信息、物流技术的应用，企业自主创新的研发较少，流通企业自有品牌商品经营比例也比国外同行低。因此，对制造业外溢效应受知识产权影响也相对较小。以下将从模型估计结果内生性和稳健性角度对假设进行进一步验证。

四、模型内生性问题的处理

由于流通业与制造业价值链创新存在互动发展，制造业为流通业提供市场需求和相应的技术支持，这样可能因为制造业对流通业的效率促进产生内生性问题。在制造业与流通业价值链互动发展比较好的地区，不仅流通业促进制造业效率提升，制造业效率的提升也会带动批发、零售和物流等流通业的发展。在制造业效率比较高的地区，制造业对价值链信息、物流配送、销售等产品服务环节需求也比较高，这也会推动当地流通业积极发展面向生产者的产品服务，进而推动流通组织和技术创新，拓展流通服务功能。

针对上述因素产生的内生性问题，本节采取以下处理方法：（1）将流通业组织创新、技术创新和制度创新滞后一期代入回归模型；（2）将反映制造业价值链效率指标（制造业技术进步指数）滞后一期加入回归模型；（3）采用系统广义矩方法（GMM-SYSTEM）对基本模型进行分析；（4）采用差分广义矩方法（GMM-DIFFENCE）对基本模型进行分析。具体分析结果如表9－2所示。

表9－2　　　　采用广义矩方法处理模型内生性的结果

解释变量	被解释变量：各省制造业技术进步指数							
	模型（1）GMM-SYS	模型（2）GMM-DIF	模型（3）GMM-SYS	模型（4）GMM-DIF	模型（5）GMM-SYS	模型（6）GMM-DIF	模型（7）GMM-SYS	模型（8）GMM-DIF
constant	0.077** （0.040）	0.092** （0.028）	1.205*** （0.076）	1.236*** （0.138）	0.497*** （0.047）	0.459*** （0.099）	0.612*** （0.127）	0.521*** （0.063）
getfe. －1	0.777*** （0.081）	0.731*** （0.053）	0.263*** （0.024）	0.288*** （0.022）	0.873*** （0.033）	0.925*** （0.036）	0.873*** （0.039）	0.861*** （0.059）
Smte	0.063*** （0.015）	0.078*** （0.018）	0.410*** （0.193）	—	—	—	—	—
Smte · jg	0.003* （0.002）	0.003** （0.001）	—	—	—	—	—	—
Smte · scbh	—	—	0.012*** （0.002）	0.016*** （0.002）	—	—	—	—
Smme	—	—	—	—	0.922** （0.061）	0.225* （0.100）	0.756*** （0.106）	0.874*** （0.054）
Smme · law	—	—	—	—	0.009*** （0.002）	0.225* （0.100）	—	—
Smme · dfbh	—	—	—	—	—	—	0.013*** （0.001）	0.013* （0.002）
scale	3.32e－06* （2.25e－05）	1.16e－06 （2.59e－05）	1.98e－05*** （7.32e－06）	2.9e－05*** （7.61e－06）	1.74e－06* （1.23e－06）	2.97e－08* （3.34e－08）	4.76e－06* （7.25e－07）	9.99e－06*** （3.81e－06）
mafixt	9.63e－08** （4.92e－08）	5.26e－08** （1.99e－08）	1.08e－07 （7.62e－08）	1.75e－07** （7.22e－08）	1.97e－07*** （3.56e－08）	1.98e－07** （1.00e－07）	3.92e－08** （1.62e－08）	2.23e－08 （3.69e－08）

续表

解释变量	被解释变量：各省制造业技术进步指数							
	模型（1）GMM-SYS	模型（2）GMM-DIF	模型（3）GMM-SYS	模型（4）GMM-DIF	模型（5）GMM-SYS	模型（6）GMM-DIF	模型（7）GMM-SYS	模型（8）GMM-DIF
Num	-7.51e-07* (6.25e-07)	-9.17e-07 (7.51e-07)	-7.89e-07 (1.71e-06)	-3.34e-07* (2.07e-06)	-7.69e-06*** (7.19e-06)	-3.65e-06 (5.58e-07)	-9.50e-06 (1.41e-06)	-2.41e-06*** (1.18e-06)
Wz	0.005** (0.001)	0.008** (0.001)	0.016*** (0.005)	0.016*** (0.004)	0.003 (0.003)	0.007*** (0.001)	0.006*** (0.001)	0.005** (0.002)
Year	控制	控制	控制	控制	控制	控制	控制	控制
Sargan(p)	0.97	0.98	0.98	0.99	0.99	0.99	0.98	0.98
AR（1）	-3.376***	-3.186***	-4.854***	-4.933***	-4.695***	-4.52***	-4.61***	-3.08***
AR（2）	0.519	0.452	-1.596	-1.632	-0.19	-0.36	-0.69	0.38

注：***、**、*分别表示在1%、5%和10%的水平下显著，Sargan（p）表示Sargan检验P值，AR（1）、AR（1）表示扰动项自相关检验Z值。

表9-2中，模型（1）是采用系统广义矩方法研究流通组织创新与价格指数交互项的回归结果，模型加入被解释变量制造业技术进步指数滞后一期（getfe. -1）作为解释变量。系统广义矩方法加入解释变量的滞后期作为工具变量，需要进行Sargan过度识别检验。模型Sargan检验P值为0.97，表明新增的工具变量较为有效。扰动项一阶自相关检验的相伴概率为0.0007，二阶自相关检验的相伴概率为0.60，可以使用系统广义矩方法。从实证结果看，流通技术创新以及技术创新和各地区市场价格指数交互项估计系数符号和显著性未发生明显变化，说明在价格由市场决定程度越高的区域，流通技术创新与制造业价值链互动发展的绩效越好，越能通过电子商务、物流配送等手段实现价值链的价值增值。

模型（2）采用差分广义矩方法处理内生性，结果表明扰动项一阶差分自相关检验的Z统计量为-3.186，在1%显著性水平拒绝原假设，但扰动项二阶差分自相关检验的Z统计量为0.452，相伴概率为0.58。扰动项存在一阶自相关，但不存在二阶自相关，可以采用差分广义矩方法。流通技术创新以及价格指数的交互项均通过显著性水平检验。Sargan检验P值为0.98，也表明新增的工具变量较为有效。但控制变量工业企业规模和数目的显著性受到了影响，系统广义矩处理内生性优于差分广义矩。

模型（3）和模型（4）分别采用系统广义矩和差分广义矩处理流通技术进步和生产者保护程度交互项的内生性，结果显示流通技术进步及与生产者保护程度交互项估计系数均具有统计显著性，而Sargan检验和扰动项自相关检验的结果也表明，可以使用系统广义矩和差分广义矩方法处理模型内生性问题。但是在模型中加入法律制度与流通技术进步交互项，估计系数不显著。原因在于，影响流通技术进步的法律环境因素主要来源于生产者权益保护，由于目前流通业自主创新不足，知识产权保护对流通技术进步外溢效应的影响不显著。

模型（5）和模型（6）分别采用系统广义矩和差分广义矩处理流通组织创新和法律环境指数交互项的内生性，结果显示，流通组织创新及与法律环境交互项估计系数均通过显著性检验，而Sargan检验和扰动项自相关检验结果也表明系统广义矩和差分广义矩较好地克服模型的内生性。

模型（7）和模型（8）分别是流通组织创新和地方保护交互项的系统广义矩和差分广义矩的处理结果。各解释变量估计系数符号和显著性水平均未发生明显的变化，Sargan检验和扰动项自相关检验的结果也表明系统广义矩和差分广义矩能够较好地处理模型的内生性问题。这说明，在减少地方保护程度越好的区域，流通业越能通过流通组织创新形成价值链良性发展机制，促进制造业效率的提升。以上处理模型内生性分析结果表明，产品市场改革和法律制度环境的改善将有效地提升流通组织和技术创新对制造业效率的外溢效应，制度对流通创新与制造业价值链效率影响的结果较为稳健。

五、实证结果的稳健性分析

为了进一步考察实证分析结果的稳健性，本书选取不同变量来衡量流通创新，具体选取限额以上批发零售业销售额占社会零售商品总额比重、限额以上批发零售业销售额的对数值、连锁经营面积的对数值来反映流通业的组织创新，在模型中分别加入这些解释变量以及它们与制度变量交互项（见表9－3）。

表9－3中，模型（1）和模型（3）实证分析结果表明，在法律制度越

表 9-3　　制度因素对流通创新与制造业价值链发展影响的稳健性分析

解释变量	被解释变量：各省制造业技术进步指数					
	模型（1）	模型（2）	模型（3）	模型（4）	模型（5）	模型（6）
constant	0.588 *** (0.018)	0.660 *** (0.040)	0.649 *** (0.033)	0.622 *** (0.034)	0.597 *** (0.032)	0.651 *** (0.035)
Plbz	0.122 *** (0.041)	—	—	—	—	—
Plbz * law	0.122 *** (0.041)	—	—	—	—	—
Ln（xesm）	—	0.016 ** (0.007)	—	—	—	—
Ln（xesm）·law	—	0.0009 *** (0.0003)	—	—	—	—
Ln（lsmj）	—	—	0.014 ** (0.007)	—	—	—
Ln（lsmj）·law	—	—	-0.003 ** (0.006)	—	—	—
cr	—	—	—	0.021 (0.378)	—	—
cr·law	—	—	—	0.014 (0.037)	—	—
Plbz	—	—	—	—	0.025 *** (0.013)	—
Plbz·dfbh	—	—	—	—	0.003 *** (0.001)	—
Ln（lsmj）	—	—	—	—	—	0.011 * (0.007)
Ln（lsmj）·dfbh	—	—	—	—	—	0.0014 *** (0.0005)
scale	0.0002 *** (5.55e-06)	9.56e-07 (6.0e-06)	0.0001 * (7.13e-06)	0.000 ** (4.59e-06)	4.36e-06 (5.80e-06)	6.75e-06 *** (5.02e-06)

续表

解释变量	被解释变量：各省制造业技术进步指数					
	模型（1）	模型（2）	模型（3）	模型（4）	模型（5）	模型（6）
mafixt	2.06e－07*** (6.82e－08)	2.96e－07*** (4.95e－08)	3.15e－07*** (1.01e－07)	5.11e－07*** (1.76e－07)	2.19e－07*** (7.50e－08)	3.34e－07** (7.15e－08)
Num	－7.28e－06*** (1.70e－06)	－3.85e－06*** (1.42e－06)	－6.15e－08*** (2.43e－06)	－4.16e－07 (2.47e－06)	－4.35e－06*** (1.65e－06)	－7.57e－06*** (1.43e－06)
Wz	0.012*** (0.003)	0.030*** (0.003)	0.011*** (0.004)	—	0.019*** (0.002)	0.008* (0.004)
F	25.83	36.78	20.47	23.32	26.64	26.08
Year	控制	控制	控制	控制	控制	控制
R^2	0.39	0.47	0.25	0.24	0.32	0.32
Sample	304	304	304	273	279	279
Hausman	0.0002	0.0093	0.0006	0.0205	0.0000	0.0001

注：***、**、*分别表示在1%、5%和10%的水平下显著。

完善和地方保护程度越弱的省份，壮大批发零售业销售规模越能通过组织创新提升制造业效率。批发零售业是流通业的组成部分，其销售规模的扩大将提升面向制造商产品服务的专业化和规模经济水平，节约制造业在产品市场推广的交易费用，并通过渠道中售前、售中、售后服务增加产品的附加价值，使制造业将有限资源集中于自身价值链的核心环节，最终提升生产效率。

现代流通业大量采用连锁经营的业态，连锁组织出现是第二次零售革命的标志，连锁企业可以充分利用店铺的科学分布有效克服单店规模不经济，充分利用企业层次的规模经济和范围经济拓展商圈辐射范围。模型（4）和模型（5）分别加入连锁经营面积的对数值及其与法律环境指数交互项、连锁经营门店对数值及其与地方保护指数交互项。回归结果显示，反映连锁组织创新的变量及交互项估计系数符号为正并通过1%水平显著性检验。模型（1）至模型（5）的实证结果进一步验证假设2，在法律制度越完善和地方保护程度越弱的省份，大力发展连锁经营网络越能通过流通组织创新促进制造业效率的提升。

模型（6）中加入零售市场集中度指标以及法律制度的交互项，零售市场是衡量流通组织变化的一个方面，同时也反映零售商市场势力的重要指标。

零售市场集中度使用各区域最大的前4家零售企业销售额占当地零售商品总额的比重来表示。从实证结果看，零售市场集中度以及与法律制度交互项估计系数符号为正，但均未通过显著性水平检验。原因在于，近年来随着零售市场集中度的提升，零售商市场势力逐步增强。而我国反垄断法律对零售商市场势力的规制立法和执法存在较大缺陷，对零售商滥用市场势力的竞争行为缺乏有效规制，导致渠道冲突频发。制造商和零售商因为在通道费、零售价格维持等方面的严重分歧影响了和谐的产销关系，产销双方难以形成利益共享下的价值链创新机制。此外，我国大多数制造企业和流通企业之间产销合作水平还比较低，很少通过组建供应链战略联盟等组织创新形式来进行价值链一体化整合和集成，大型零售商价值链集成能力也亟待提升。

综合以上实证分析结果，关于制度因素对流通功能拓展影响效应的结果较为稳健。由于企业技术创新一般由研发投入、设备支出等数据来衡量，而这样的微观数据难以获得，因此本书对流通技术创新没有选择相应的替代变量进行更多的稳健性讨论。

第二节　流通创新局限对流通功能绩效的制约

一、流通创新局限对流通功能的制约

（一）流通业组织化程度较低

自20世纪90年代以来，在商贸流通企业改组和改制进程的推动下，我国流通业组织化程度得到较大改善，多种经济成分和多元化的经营主体也促进市场竞争程度的不断提升。但与发展现代流通业和构建高效流通体系的目标相比，我国流通业组织化程度还比较低，这阻碍了流通业规模经济和专业化水平的提升，从而在很大程度上制约了流通功能绩效的充分发挥。总体来看，近年来中国零售企业加快了资本重组的速度，使得零售市场集中度得以提高。但是和国际发达国家相比，我国零售市场的集中度是偏低的。

偏低的产业集中度也反映出我国零售企业资本规模偏小，如2019年中国

连锁综合超市排名第一的苏宁易购销售规模为3787.4亿元。2019年连锁百强销售规模近2.6万亿元，同比增长5.2%，占社会消费品零售总额的6.3%。[①] 偏小的销售规模使我国大型零售企业不能充分利用规模经济提升价值链核心环节的专业化能力，从而影响复合化和一体化的价值链整合绩效。

我国批发企业数目众多，2019年我国有批发企业法人140075个，其中内资企业133079个，资产总计247866.6亿元，企业平均资产规模为1.86亿元。在具体批发业中，矿产品、煤炭制品、石油制品、金属及金属矿批发、医药及医疗器材批发、汽车摩托车、机械设备、五金批发行业资产规模较大，而纺织服装、家用电器、计算机、软件、贸易经纪与代理批发企业资产规模较小（见表9-4）。

表9-4　按行业分限额以上批发企业资产及负债（2019年）　单位：亿元

行业	资产总计	流动资产	固定资产	负债总计	所有者权益
烟草制品批发	6958.4	5623.9	542.1	1323.3	5635.0
纺织、服装及日用品批发	27608	22288.7	649.5	20278.3	7329.3
服装批发	5517.7	4314.7	194.8	3597.4	1920.2
日用家电批发	5517.7	4314.7	194.8	3597.4	1920.2
文化、体育用品及器材批发	6412.1	199.7	5434.8	2579.7	6412.1
医药及医疗器材批发	19063.4	605.4	16412.3	5916.2	19063.4
矿产品、建材及化工产品批发	105341.2	4976.1	105398.7	34574.7	105341.2
煤炭及制品	14120.0	533.4	14445.4	6312.5	14120.0
石油及制品批发	17319.1	2601.4	18446.4	7058.4	17319.1
金属及金属矿批发	45436.3	586.8	45305.4	11481.0	45436.3
建材批发	10904.0	252.3	10541.0	3271.6	10904.0
机械设备、五金交电及电子	2273.0	78.8	2360.2	777.5	2273.0
汽车、摩托车及零配件批发	12408.3	202.0	11786.4	3399.8	12408.3
计算机、软件及辅助设备批发	3057.2	52.1	2692.9	721.7	3057.2
贸易经纪与代理	4339.6	58.9	4137.5	1130.6	4339.6

资料来源：根据《中国统计年鉴2020》整理。

① 数据来源于中国连锁企业协会发布的《2019年中国连锁百强》报告。

生产资料批发企业规模大而日用工业品批发资产规模小，除了工业品自身价值和技术属性的原因外，也与我国流通转轨和改革的市场化进程有很大关系。在我国流通体制改革过程中，原来隶属于物资管理部门的生产资料流通企业经过转制，成为大型的综合批发企业，企业组织体系较为紧密，一般以省为单位，成为省级物产集团或公司。这些企业利用原有的批发商业设施、完善的经销网络和稳定的供销关系，在流通转轨过程中发展壮大，而批发市场大多以摊位制个体经营为主，缺乏公司制企业的规模化和专业化经营。2019 年全国亿元以上批发交易市场成交额 112016.8 亿元，共有摊位 3045931 个，单个摊位年成交额仅为 245.9 万元，组织化程度低和分散的交易额导致摊商专业化服务能力弱、流通成本高，很难适应高质量的生产者服务外包和大规模商品跨区域流转的需要，这也严重阻碍批发在构建高效的现代流通体系和国家价值链的作用。

（二）商贸服务差异化程度低

流通业市场的产品差异化主要是依赖其提供的服务，形成和增加产品价值，从而通过传递给生产者和消费者更多价值而刺激服务需求增长，减少同一产业内部替代程度。服务差异化将产生积极的绩效，它涉及通过专业化服务提高产品质量与品牌价值，如零售商向制造商提供的产品研发和设计的建议；通过产品包装、商品展示、产品促销和宣传向消费者传递产品信息并刺激其购买。

现代流通业可以通过流通创新提高服务差异化的程度，但是从我国一些流通企业的经营实践看，我国大型流通企业促销模式雷同（如在特殊节日实行较大折扣），对制造商产品研发和设计的专家支持较少，也缺乏为广大消费者所熟知的零售商自有品牌产品。企业过分强调业务多元化，很多流通企业将稀缺的资金投入到回报周期较长的房地产行业，主营业务不突出。更为严重的是，百货零售企业受联营制和通道费的利益影响，自营商品比重严重偏低，企业盈利主要依赖商铺租金收入、返点倒扣及其他业务收入，在产品组合、品牌、定价和服务上差异化程度较低，这极大地影响了百货店在采购、促销、顾客服务等价值链核心环节的服务能力和竞争优势。服务差异化和专业化水平存在的较大缺陷最终影响流通企业通过双边市场平台和供应链联盟等组织创新对价值链进行一体化整合和集成，弱化面向制造商的生产者服务能力。另外，在顾客价值链层面，长期的联营制和不合理的通道费不断推动产品销售价格上升，也使百货店脱离围绕顾客需求自主创新的优势位置和本位职能，逐步削弱以需求为导向的价值链创新活动的主动性。每年我国相当大比例的高端消费流向海外市场而不在国内消费，国内百货店自主创新不足以及联营制引致的层层加价是一个不容忽视的影响因素。服务差异化程度低导致流通企业围绕顾客需求价值链创新动力不足，制约其与生产者和顾客价值链嵌入、互动和整合，使生产者、消费者和流通商难以形成价值共创体系，最终弱化现代商贸服务绩效。

（三）专业化分工协作水平低

现代商贸服务绩效的发挥依赖于高效的社会专业化流通分工协作体系，高效的流通分工协作体系主要来源于两个方面：一是流通业内部批发、零售和物流业之间的分工与协作水平；二是制造业与流通业之间的分工与协作水平。

在我国流通体制改革过程中，传统计划经济体制下统购统销的专业化流通协作体系被打破，流通渠道呈现多种所有制并存的特征。但批发、零售、储运企业处于独立发展和市场分割状态，导致相关价值链环节的活动难以分工与协作。流通业内部分割的专业化协作体系使得价值链活动主体难以借助其他成员的专用性资产和服务节约交易成本，同时也占用企业价值链创新的资金，减缓其资本积累的速度，弱化价值链核心环节的规模经济优势，严重影响其产品服务功能，最终导致服务绩效提升缓慢。

批发、零售、储运间高效的分工协作可以促进产品价值链创新，以批发与零售分工协作为例，美国沃尔玛公司是全球最大的零售商，但也将相当比例的服务外包给专业的批发商和采购商，例如香港利丰集团就是沃尔玛公司在亚洲重要的采购供应商。批发商拥有的仓储设施、信息网络可以为价值链相关主体节约专业性资产上投入，降低流通成本，从而在相关价值链活动中增加更多附加价值，发挥其在价值链创新中比较优势，提升创新绩效。我国近年来由于批发业振兴不足，社会商品零售额中批零比较高，运营费用高，利润率偏低。专业化服务能力不足也削弱了批发业在社会分工体系中产业地位，并进而阻碍其对制造业价值链创新活动的参与和整合。

物流的专业化和社会化是流通业分工深化的重要表现并将大大提升流通效率。而我国物流业专业化水平比较低，第三方物流企业竞争力提升缓慢，缺乏以信息技术为支撑的现代物流服务与管理体系，2019 年我国社会物流总成本约占 GDP 总额的 14.7%左右，[①] 高于发达国家，这阻碍了我国产业升级和国家价值链的构建。批发业振兴不足和较高的物流成本抑制了价值链相关环节服务外包的需求，从而分散了制造业在价值链核心环节配置的优势资源，最终影响现代流通业的整体服务绩效。

在制造业和流通业分工协作中，大多数流通企业和制造企业之间的协作主要体现为联合促销，很少通过销售和需求信息的共享来分析和研究市场，组建战略联盟的组织创新形式更少。大多数零售企业受联营制的负面影响，并没有像西方发达零售企业那样建立自己强大的专业技术人员队伍，对制造商的专家支持作用比较小。另外，渠道责任和利益分配上分歧影响产销关系和谐程度，导致渠道冲突频发，这进一步影响了零售商和制造商之间旨在创造价值的协作。由于缺乏有效政府管制，一些大型零售商滥用其市场势力，影响价值链集成创新的绩效，也难以形成对制造商的激励。一些制造商则选择退出零售商销售渠道，转而自建销售渠道。

二、流通技术创新局限对流通功能的制约

（一）流通信息化水平整体程度偏低

信息技术的应用不仅是零售商构建双边交易平台的充分条件，而且其信息化水平也显著影响流通企业的服务质量，无论是对于消费者需求信息的准确及时把握，还是流通商和制造商之间的供应链快速反应能力都是建立在强大的信息和网络技术支持基础之上的。信息技术应用使流通商为制造商提供高质量和差异化的生产者服务，并通过现代信息技术的规模经济特点，降低价值链相关环节的活动成本，加快价值交付和实现速度。

信息化对流通商通过连锁经营方式进行规模扩张起着非常重要的作用。

---

① 数据来源于中国物流采购与联合会网站。

没有发达的信息技术和网络的支持，大型流通商不可能实现对各地分店的有效管理，也不可能实现统一配送上的规模经济效应。只有在信息化水平较高的条件下，流通商才可能实现生产者服务技术和产出的标准化，以较低的成本实现规模扩张，从而利用连锁经营的服务创新发挥出积极的生产者服务绩效。

我国流通企业虽然在经营中也广泛应用现代信息技术创新交易方式，但与发达国家相比，我国商业部门信息化水平整体偏低，很多零售企业还处于业务和办公信息化的应用阶段，在供应链管理、客户关系维护、云计算、商业智能平台等决策信息化应用上存在较大不足，投入结构仍有待优化。2010 年我国流通业在收银和门店销售信息系统投入总额 17.1 亿元，占总投入比例为 17.9%，而供应商服务信息化投入比例只占 5.3%，约 37.5% 零售企业还未普及使用信息网络技术。[①]

（二）流通技术创新推广中不平衡性

目前，我国在流通技术创新推广中还广泛存在区域和企业规模上的不平衡。随着零售网点的扩张和电子商务的深入发展，城市连锁零售业在销售收银系统、门店和仓储管理系统上流通技术得到较大程度的推广，但农村零售业的信息化改造力度还远远不够，在门店管理、物流配送等方面信息化水平与城市流通体系还存在较大差距。大型流通企业与中小流通企业之间在流通信息化水平差距也比较大，大型流通企业不仅在硬件设备、内部信息管理上较为成熟，而且将先进流通技术在企业内部扩散速度较快。一些大型流通企业开始在数据库、内部网络基础上构建支撑其快速发展的流通信息化运行架构和计算环境，并在客户关系管理和商业智能领域进行探索和尝试。众多中小型流通企业受规模和资金投入限制，流通信息化的规模经济效应不明显，在收银、门店、配送等方面信息化应用和管理稳定性较弱，与价值链创新相关主体信息沟通能力较差，严重制约其专业化服务水平的提升。

（三）流通标准化建设滞后

我国流通业部门和行业分割以及标准化建设的滞后，使广大零售、批发、物流等流通企业与价值链活动相关主体在商品品质、重量、规格、信息网络

---

① 资料来源：计世资讯 . 2011 年中国流通行业信息化建设与 IT 应用趋势研究报告 [R].

等方面使用的标准缺乏统一和稳定性。这进而阻碍了流通与制造企业建立现代市场交易方式所需要的互相联通的信息网络，产销双方难以通过资源共享、数据挖掘和供应链快速反应等方式共同为客户创造更多价值，从而严重影响了现代流通业与制造业价值链互动发展的程度，最终弱化商贸服务绩效。

三、市场管制局限对流通功能的制约

（一）法律规制不健全增加市场运行不确定性

我国流通市场管制中存在法制不健全、行政干预、多部门管制、执行稳定性弱等现象，这增加了市场运行的不确定性，弱化流通创新与价值链升级的激励因素，也阻碍现代流通业的发展。现行的法律政策体系还不够健全和完善，如《零售商供应商公平交易管理办法》中规定了零售商和制造商利用优势地位妨碍市场竞争的行为，并规定相应的罚则，但与具体福利损失相比，罚则相对过轻。关于零售商滥用市场优势地位及其纵向约束行为的政府规制历来是反垄断立法的难点，规制措施不健全必然引发大型零售商的机会主义行为，导致其利用市场优势地位过度压榨制造商和供应商。不考虑服务创新绩效的规制措施也违背政府规制提高经济效率的宗旨，并影响流通业与制造业价值链互动发展，制约现代商贸服务绩效。

（二）产品质量管制局限影响流通秩序

在产品质量管制上，强化政府管制有利于保障产品质量，稳定市场供应数量和波动价格，营造良好的市场流通秩序。目前，我国制定了较为严格的产品质量安全法律法规，在一些与居民生命、健康密切相关的肉类、蔬菜等农产品流通中积极构建质量追溯体系。但食品质量问题仍然存在，甚至一些大型和知名企业销售的产品也出现过产品质量问题。这不仅给消费者造成健康和财产的上损失，而且抑制消费需求的持续增长。我国广阔的地域和市场范围确实给政府管制工作带来一定困难，但深层次原因主要在于执法队伍建设和管制成本的限制，这在农村消费市场表现得更加明显，县级及以下农村商务管制部门在资金、人才、专业知识上相对于城市不足，而农村却拥有较为广阔的市场地域和交易范围。

第十章

结论与相关政策建议

第一节　本书主要结论

本书研究零售商双边交易平台、批发组织创新和供应链战略联盟三种流通组织创新形式与企业价值链互动发展的机理，对流通效率增长进行评价，并构建计量模型分析流通创新基础上流通业对制造业价值链效率提升的绩效。研究结果表明，我国流通效率增长更多地来自技术进步，技术创新的扩散和组织创新的作用较小。中国流通效率增长存在区域差异，并呈现出明显的周期性和波动性，且波动周期逐渐缩短。政府推动的市场化改革显著促进流通效率的增长，表明我国流通业的发展是一个诱致性技术变迁和强制性制度变迁相互交织推动的过程。流通技术进步和组织创新对制造业全要素生产率的提升产生较为明显的促进作用，而技术效率对制造业全要素生产率提升的作用不显著。D－M 检验的结果表明，制造业效率提升对流通业的技术进步和规模效率存在内生性影响，而对流通业技术推广没有影响。运用 2SLS 处理模型，进一步支持流通技术进步和组织创新估计结果的稳健性。

在流通创新与顾客价值链发展的机理与绩效研究上，本书的理论与实证结果表明，流通技术进步和组织创新对居民消费率的提升产生较为明显的促进作用，而技术效率对居民消费率提升的作用不显著。运用 2SLS 和 GMM 方法处理模型内生性的估计结果，进一步支持流通技术进步和组织创新估计结果的稳健性。与国内已有的研究相比，本书从组织和技术层面拓展了流通创新扩大居民消费的实证研究，从而为加快流通创新扩大消费提供了更为翔实的经验证据。本书关于流通技术进步和组织创新促进居民消费的结论与国内外相关研究是一致的，在流通技术创新方面，本书细分流通技术进步和技术扩散对居民消费的影响，实证结果表明流通技术扩散对居民消费影响并不显著。根据流通业全要素生产率的计算及分解结果，流通技术创新来自技术进步和纯技术效率的整体作用。1999～2016 年我国流通业纯技术效率指数年均增长只有 1.9%，部分年度流通业纯技术效率指数甚至为负。原因在于，中小流通企业资金瓶颈及城乡二元流通体系的较大差距严重阻碍了流通技术的空间扩散，导致流通业纯技术效率增长缓慢，从而弱化了流通技术创新促进居民消费的作用。

在城市商圈阻抗和扩张因素研究中，商圈属性中购物方便性、综合设施、品类组合、产品价格对消费者购物决策边际效应较大，消费者特征属性中年龄和性别因素对商圈选择概率的边际效应较大，商圈属性中服务和质量因素的边际效应不明显。这表明，我国城市商圈的服务差异化并不显著，商圈的扩张因素主要来自选址和城市规划带来的购物便利性以及设施、业态、品类组合带来的综合辐射效应。

在对流通业空间布局优化研究中，本书的实证分析结果表明，我国区域流通体系中表现出“省会城市——次级城市——县城——城镇”的阶层性特征，我国市级中心地自身流通产出规模与其流通产出总规模的比值约为 0.7，县级中心地自身流通产出规模与其流通产出总规模的比值约为 0.3，中心地系数随等级提高而上升。但中心地系数的过快上升也表明城乡流通体系差距较大，因此需要重视发展县域中心地体系来优化流通规模等级分布。

城乡流通规模等级分布的实证结果可以表明，在我国流通规模等级结构分布中，市级中心地自身流通产出规模与市级中心地流通产出总规模之间的比值约为 0.7，县级中心地自身流通产出规模与县级中心地流通产出总规模之间的比值约为 0.3，市级中心地系数大约为县级中心地系数的 2.33 倍。中心地系数并不是克里斯塔勒、勒施建立的古典中心地理论表述的恒定值，而是随着中心地层级变化而变化。本书使用社会商品零售额构建的面板数据模型得出的结论，与贝克曼和麦克弗森（Beckmann，McPherson，1970）以人口数量构建的中心地修正模型得出的结论一致，实证结果表明我国中心地自身流通产出规模与中心地流通产出总规模之间的比值将随着中心地等级的提高而上升。在流通创新背景下制度因素对商贸服务绩效的影响的研究中，本书的理论与实证分析结果表明，在产品市场发育程度越好和法律制度环境越完善的省份，基于流通创新的现代商贸服务对制造业外溢效应也越高。在推动流通创新提升制造业效率的过程中，需要积极推动现代流通业自主创新，更要重视流通领域法制化和政府规制体系的建设工作。

本书对双渠道实体零售的定价策略进行分析，并进行算例分析与敏感度分析，结合实地调研案例，讨论双渠道实体零售同价策略与异价策略的结果。研究结果表明，双渠道实体零售定价策略的选择与其销售量紧密相关，在线上线下渠道间价格弹性系数较大和消费者对线上线下渠道偏好差别较小时，同价策略下双渠道实体零售能够销售更多的商品，这有利于加强双渠道实体零售的市场地位。随着线上网络销售渠道的快速发展，电子商务平台的稳定性逐渐增强。对于同一种商品，消费者从线上网络渠道与线下传统渠道购买所获得的产品和服务是相同的。由于网购的便捷性，消费者偏好会由线下传统渠道转向线上网络渠道。此时，同价策略下双渠道实体零售利润不变，而异价策略下双渠道实体零售利润先减少后增加。双渠道实体零售的定价策略会随着消费偏好的变化而变化，当不同渠道所占市场份额相差较大时，双渠道实体零售应当采用异价策略才能获得更多的利润。如果消费者从网络渠道与传统渠道购买所获得的产品和服务完全相同，由于渠道间价格转移系数的存在，消费者会全部转向销售价格较低的渠道进行购买。但是由于技术条件限制，在现实生活中，消费者从线上网络渠道与线下传统渠道购买所获得的商品和服务往往是不同的，消费者会接受线上和线下渠道间合理的价格差异。随着渠道间价格差异转移系数增加，越来越多的消费者会转向销售价格较低的渠道进行购买，双渠道实体零售的利润会减少。为避免渠道间价格差异转移系数增加所造成的消费者转移与利润较少，双渠道实体零售的定价策略应采取同价策略。

本书通过实地调研的国美电器案例，对双渠道实体零售的定价策略进行研究，进一步验证前文结论。国美电器拥有的线下传统渠道的品牌、服务、采购及管理是其开展双渠道的优势和条件，线上网络渠道的导入进一步促进了国美电器利润的增加。从国美电器的案例可以看出，对于不同的产品，双渠道实体零售应当采取不同的定价策略。对一般中低档商品应当采取异价策略，网络渠道销售价格应小于传统渠道销售价格。但随着商品销售价格的提高，不同渠道之间的价差应当减少。对于价格较高的产品而言，由于替代性和弹性较大，为保持商品市场销售份额与利润，应当采取线下传统渠道销售价格与线上网络渠道销售价格一致的同价策略。

本书研究表明，在市场化高的区域，流通创新和价值链相互作用可以产生更显著的服务绩效。由于制度因素对商贸服务绩效的制约，我国需要加强产品、要素市场发育及法制化建设来构建现代商贸服务体系。在扩大内需和经济结构战略性调整的背景下，从加快流通创新促进价值链升级视角来发展现代流通业，能够提升政策的针对性和有效性。

第二节　基于流通制度创新推进流通业发展

一、构建流通业统一协调管理体系

为推进我国流通业的现代化水平，政府的统一协调管理能力是发挥流通体系整体效能的重要保证。在具体政策实施上，各级地方政府应建立工业品流通体系的统一协调组织体系。省、市各级政府负责组织，以商务主管部门为主导，建立包括发改委、财政、土地、税务、工商局相关管理部门参与的政府管理协调委员会，负责统筹协调辖区内现代流通业发展，协调各政府部门之间关系，落实具体相关规制与扶持政策，提高现代流通业的管理水平。

根据工业品流通特点，区分日用工业品和生产资料工业品市场。在日用工业消费品市场以政府倡导，骨干流通企业为主导，建立工业品流通行业的自律性中介组织——工业品流通协会，负责制定和协调有关日用工业品流通体系中各种成员和利益关系，制定完善的协会章程和规则，提高相关信息、培训等中介服务水平，提升行业协会在价格披露、打击假冒伪劣、建立和谐市场秩序等方面作用。同时，鼓励以大型批发企业和交易市场为依托建立各类跨行业、跨地区的生产资料工业品行业协会。另外，由政府引导，市场行业协会主导，建立企业家、专家学者和政府领导共同参与的专家咨询委员会，为发展工业品流通体系提供政策、信息、技术等方面的咨询服务。

二、完善产品和要素市场化改革

在客户需求变化频繁和市场竞争加剧的条件下，生产者不仅需要高效的工业品流通体系，而且对高级和差异化服务的中间需求越来越广泛和深入，借助高质量的流通服务增加产品附加价值是制造企业培植竞争优势的重要途径。在正常的市场价格机制的作用下，中间服务的市场需求必然刺激相应的服务供给，但是价格机制的失灵和服务的非市场定价将会抑制高级流通服务的供给。在发展现代流通业的过程中，应当坚持流通改革的成功经验，进一步完善产品和服务市场化改革，发挥价格机制的作用，矫正产品和服务市场的价格扭曲。考虑服务市场定价的特殊性，辅以适当的价格管制，管制完全取缔和过于严格都会影响服务市场价格机制的发挥。如大零售商收取部分通道费用，这是大零售商对于其稀缺的货架资源和促销服务投入的一种要价，符合服务市场定价的原则，政府主管部门若不考虑其促进产品销售效率的作用而予以禁止和取缔，则会影响流通商高质量和差异化服务的供给。另外，需要重视要素市场的改革，为不同地域的资本重组创造有利条件。鼓励民营金融机构参与批发流通改革，为个体工商户向公司制转型提供资金支持，切实解决民营小微流通企业融资难的问题。

三、积极打破市场和部门分割

发展现代流通业的一大障碍在于市场分割和部门分割，使零售、批发、物流等服务供给与组织受到地区和部门的限制，难以形成高质量的复合型服务。各级行政主管部门和地方政府设置的行业进入壁垒提高了流通商的服务成本，也影响流通业运行效率。因此，应加快打破市场和部门分割，构建国内统一的市场和国家价值链，加速要素、商品和服务在统一市场内的自由流动，制造企业在统一市场内寻找符合自身需求的服务提供者，而流通商凭借其优质的资本、技术优势进入市场，减少交易费用，扩大资本积累，发挥规模经济和信息优势。打破市场和部门分割还有利于不同区域和不同行业的商业资本重组，提高市场资源配置效率，快速形成具有规模优势的大型流通企业集团。

打破地区和部门分割，破除各级行政和行业保护壁垒，通过减少行政垄断和加强市场竞争使一些经营效率低下企业退出市场，有利于缓解零售市场过度竞争，优质的零售企业将凭借高质量和差异化的服务得以发展，并满足生产企业对于流通市场中间服务的需求。打破各级市场和部门分割的意义在于使市场机制在流通体系中发挥资源配置的基础性作用，提升市场治理结构的效率。

四、整顿和规范市场竞争秩序

规范和公正的市场竞争秩序是发展现代流通业的必要保证，混乱的市场秩序会抑制生产者中间服务和消费者最终服务需求。随着我国社会主义经济体制改革的深入，对消费者权益保护和假冒伪劣商品打击逐步加强，市场秩序有了较大改善。但假冒伪劣、商业贿赂等现象仍未杜绝，一些不法厂商通过扰乱市场竞争秩序牟取暴利，这严重扭曲了正常的产品和要素市场价格机制，抑制其他厂商改进服务投入提高产品质量的动力和消费者最终需求的增长。

因此，在发展现代流通业中必须重视整顿和规范市场竞争秩序，健全产品质量追溯机制，刺激制造商对于生产者服务的需求，扩大消费者对最终产品和服务需求，从而提升现代商贸服务需求的市场容量和强度，刺激相关企业生产者服务的供给。同时，发展现代流通业应重视商业诚信建设，政府、企业和相关行业协会应构建完善的商业信用制度和失信惩戒机制。对起到明显的促进作用的先进经验，要总结并予以推广。

五、以法制化建设加强政府管制工作

（一）完善大型零售商市场行为政府规制

发展现代流通业依赖于健全的法律制度环境，需要政府运用合理的规制措施规范大型流通商的经营行为。特别是在消费工业品零售市场，在鼓励、扶持零售商做大规模的同时，也要注意约束零售商滥用市场优势的行为，保护制造商的合法利益，这同时也保持流通服务需求的市场容量和强度。目前，我国零售市场的政府管制还存在着对零售商滥用市场优势行为规制的缺陷，这就需要加快这一领域的法制化建设。《反垄断法》《反不正当竞争法》等法规应当根据现实中司法和执法的实践不断予以完善，对零售商损害竞争行为的界定和判罚应进一步明确，并且加强执法的可操作性。应当借鉴西方国家成功经验，以合理推定作为判罚依据，综合考虑流通业中组织结构与市场行为对制造商生产和销售效率及商品零售价格的综合影响，尽可能以最终社会总福利的结果作为反垄断的依据。

考虑到中国区域经济发展水平的差异，各地的零售市场结构和零售双方的市场行为可能存在较大差异。在以《反垄断法》和《反不正当竞争法》作为全国性的契约化建设和法律规制法主体的同时，需要发挥各地政府出台的地方法规的作用，以保护市场的公平竞争和提升公众利益作为立法的依据。地方性法规与全国性法规共同构成流通业中政府规制体系，发挥流通商服务创新和组织创新的积极效应，抑制其负面影响。

（二）规范外资流通业经营行为

加强流通业政府管制工作还应重视对外资商业的引导，重视流通体系中国家安全问题。自流通领域对外开放以来，外资商业加快了对中国市场的扩张。在新设企业中，独资化或外资控股的现象越来越明显，外资还通过资本市场频频并购我国优质商业资源，近年来外资也加快了进入中国物流市场的速度，在国际海运、国际快递市场中外资物流企业已占据较大市场份额。外资物流企业在我国积极兴建仓库、物流基地等重要设施，并逐步扩大业务经营领域，发展供应链管理与设计、保税物流业务等高端服务。随着服务功能扩展，现代流通业不仅影响生产和消费，而且对国民经济健康发展有着非常重要的基础作用。因此，需要重视从国家安全角度考虑外资商业对我国流通业的影响，健全有关外资并购我国商业企业的法律法规体系，指导和规范外资商业企业在我国投资和经营行为，积极发挥外资商业引进中市场竞争和技术外溢效应。同时，对外资并购我国流通企业的交易方式、规模与股权方式等方面做出明确规定。相关政府机构还需要建立相应的预警体系，以此监督外资对我国商业资源的垄断性收购，特别是一些战略性的物流资源，减少其对国家经济安全的负面影响。在一些关系国计民生的重要工业品和农产品市场必须坚持自主流通体系的主导地位。

（三）加强流通执法主体建设

完善与加快法制化建设步伐的一个重要内容是加强执法主体的建设。流通业规制在实践上是一个非常复杂的问题，即使是在有着上百年政府规制实践的西方发达国家，对流通市场管制的司法实践也存在着明显反复。中国具体的执法队伍中需要引进相关的专业人才，增强执法机构对于流通市场竞争行为的评估能力与判罚能力。

（四）规范政府管制法规制定和执行

加强政府对流通市场的管制需要充分体现管制者依法规制的公正性和权威性，流通市场的立法、司法和行政执行需要在法制化的框架下构建稳定的运行程序。必须通过严格的程序来规范管制机构的法规制定过程，约束管制主体在行政执法中依法规制行为。应尽快成立全国性的管制法规制定审查机构，评估管制法规的综合影响，权衡管制收益和成本并在后续的财政预算中予以管制机构相应经费支持。

第三节　基于流通组织创新推进流通业发展

一、推动流通企业大型化与集团化

与国外大型流通企业相比，我国商贸服务企业资本规模还比较小，市场集中度还比较低。在专业化服务提供上，流通商生产者服务意识与服务能力还存在不足，低质量的流通服务供给难以满足生产商不断上升的服务需求。因此应采取多种措施壮大流通商的资本规模，鼓励不同行业、不同区域的商业资本通过横向或纵向兼并的手段进行联合，提高规模经济程度，降低服务成本，提升生产者中间服务的质量，并逐步增强流通企业在市场营销、信息处理、专家咨询方面的能力，形成和强化流通商在供应链中专业化优势，提高流通体系中流通商对制造商的报酬激励与品牌感召力量。在创建大型流通企业集团的同时，应破除阻碍资本重组和企业退出的行政壁垒，加速衰落企业的市场退出，改变市场集中度低及过度竞争、服务产品差异化程度低的状态。

现代批发企业必须实现大型化、集团化经营，只有壮大企业规模，才可以适应工业品大规模流通需求。生产资料由于价值高风险大，生产资料批发企业的大型化、集团化就显得特别重要。这也是我国生产资料流通体系中类似浙江物产这样批发企业得以发展壮大的原因。如 1993 年我国物资系统中大约有 2 万多个国有流通企业，改制后形成以省为区域的大型物产集团，而其他如商业、外贸、供销合作总社行业中批发企业转型改制很少形成典型大规模批发企业。

现代大型批发企业集团化可以在总公司统一决策机制下，建立总公司—子公司的组织架构，将原先分散于各子公司的业务分离出去，建立专业化子公司集中从事某一业务。这符合产品内分工的经济规律，可以提升其规模经济水平，也避免各子公司间过度竞争。如浙江物产集团核心业务板块有金属材料、汽车业务、能源供应、国际贸易、化工产品，相应集团子公司有金属集团有限公司、国际贸易有限公司、石化有限公司，集团内各子公司与总公司之间通过资产纽带联合形成相对稳定的流通联合体，提高了集团企业组织化程度，并通过服务专业化程度和要素优化组合提升市场竞争力。

二、积极推进批发业振兴发展

（一）积极推进批发市场微观主体重构

在批发市场流通领域，政府应该重视微观经营主体的重构工作。商务部及有关政府机关应积极出台相关优惠政策，扶持相关经营主体通过多种方式转型。目前个体工商户仍然是批发体系构建的重要组成部分，应在税收、经营领域、土地、财政、资金、技术等方面出台有利优惠政策，减轻批发领域公司制企业税负，在财政、信贷上予以相应的支持，提升市场主体产品经营档次，增强其向公司制转型的市场竞争能力。扩大公司制企业在外贸、代理、用工、商标专利等经营领域权限，鼓励个体工商户通过多种方式向公司制企业转型。同时，加强政府部门管理协调工作，克服目前商务、工商、税务、土地等政府部门多头管理的弊端，减少批发经营主体的行政负担，强化市场规范管理的合力。税务等执法机关要严格发票使用制度，严厉打击涉税违法行为，为广大个体工商户向公司制转型提供持久的发展动力。发展现代流通业，必须积极推动传统摊位制经营主体向现代公司制企业转型，转型途径可以通过以下几个方面。

1. 向有限责任公司转型

摊位制个体工商户向有限责任公司转型，可以通过共同出资，将批发市场内个体工商户组织起来，还可以从外部吸纳社会资本，组建有限责任公司。规模较大、经营管理规范的主体还可以建立董事会、监事会和经理层，构建现代公司治理结构。由于批发市场内个体工商户各自为战和家族式经营背景，也可以采取渐进方式，先组建一人有限责任公司，由自然人转型为独立法人实体。一人有限责任公司仅以其投资为限对公司债务承担有限责任，改变个体工商户承担无限的风险责任。如果销售额达到一般纳税人资格，可以使用增值税专用发票，有利于扩展批发业务。另外，在一人有限责任公司基础上，批发市场经营主体规模和业务范围逐渐扩大，经营管理理念和交易方式得到较大提升，这时也更有条件再向共同出资的有限责任公司转型。

2. 组建股份有限公司

摊位制个体工商户向股份有限公司转型可通过发起设立和招募设立两种方式，股份有限公司可以通过发行股票和公司债券方式来筹集企业发展所需资金。目前，由于个体工商户在资金、管理和人才上的局限，组建股份有限公司比例并不高，大部分企业更多的是向一人有限公司和有限责任公司形式转型。但是流通领域存在很多国有、民营股份有限公司，包括资本规模大、业绩良好的上市公司，个体工商户可以将自有资金、实物、店铺和土地使用权等资产折合为公司股份，成为股份有限公司股东。由于股份有限公司大多是一些具有品牌效应的工业企业或连锁经营的零售企业，资金、技术、品牌实力较强，拥有现代企业经营管理能力，并掌握现代交易手段，这种形式也有利于摊位制个体工商户转型为专业的品牌代理商和物流配送商，实现传统批发功能的创新。

3. 渐进式向公司制企业

由于现代企业经营观念落后和企业资金规模的局限，目前个体工商户向有限责任公司和股份有限公司转型确实存在较大困难。转型为公司制企业需要缴纳企业所得税，对股东进行利润分配时还要缴纳个人所得税，而个体工商户只需缴纳个人所得税，税款征收方式差异导致很多小规模的个体工商户不愿向公司制转型。因此，应鼓励采取渐进式转型方式，先组建独资企业或合伙企业。按照《国务院关于个人独资企业和合伙企业征收个人所得税问题的通知》规定，个人独资企业和合伙企业比照个体工商户生产经营所得征收个人所得税，因此在税收负担上比一步转型要少。合伙企业有利于个体工商户之间资本和业务上重组，以集体决策替代单个主体决策机制。在批发市场经营主体逐渐壮大规模和提升经营管理能力的基础上，辅以政府政策支持，向现代公司制企业转型。在激烈的市场竞争环境中，这种渐进式转型也有利于提升小规模个体工商户转型后的企业存活率。

（二）积极推行商务代理制

现代批发商在进行服务创新和企业发展中应针对具体工业品流通特点，实行科学合理的产品经销方式，积极推行商务代理制是其中非常重要的一项举措。商务代理制可以减少批发企业购进商品的资金，通过收取佣金的方式获得企业流通服务收益，这有利于减少企业经营风险。对于大宗生产资料而言，推行商务代理制对批发商发展壮大具有重要意义。而在我国，商务代理制在批发业应用并不普及。以钢材流通为例，大多数批发商需要用自有资金购进钢材再转售，这种传统批发服务模式已经很难适应大规模生产条件下工业品流通的要求。除了少数规模较大的生产资料批发商，大多数批发商在资金链上承受较大压力，一旦遭遇市场需求波动，中小型批发商便有资金链断裂的风险。一般批发商也难以在信息化、市场开发、营销等服务上进行资金投入，承担的供应链产品销售风险也较大，这不利于批发企业的发展。反观西方国家，不仅在生产资料领域，而且在日用工业品领域，商务代理制都得到很好的应用和发展。日本95%以上钢材是通过综合商社销售的，而综合商社销售钢材主要采用商务代理制，从而将稀缺的资金投入专业化流通服务的提升中。

推行商务代理制对批发商而言，还可以扩展企业业务范围，承接制造商服务外包。在大规模生产条件下，很多生产企业通过建立自销体系绕过批发和零售环节，批发商通过与制造商建立合作伙伴关系，通过商务代理制承接相关流通服务。比如汽车销售，我国汽车国产厂商主要通过自建销售体系，而国外品牌厂商则广泛采用加盟连锁或商务代理制。批发企业推行商务代理制不仅可以扩展业务范围，而且可以提升工业品流通效率。

三、以外向化经营构建自主分销体系

目前，我国流通企业面向国际市场外向化经营的程度还比较低，之前虽然有一些零售企业进行海外投资，但规模和经营水平远远达不到自主分销的目的，自主分销体系的缺失是造成我国制造企业被国际跨国公司长期锁定于全球价值链低端的重要原因。因此，发展现代流通业应重视通过流通企业外向化经营构建自主分销体系，应加快整合不同区域和行业的商业资本，形成一批内外贸一体化经营的大型流通企业集团，推动其“走出去”掌控全球价值链的分销环节。

构建自主分销体系需要发挥政府的支持和引导，目前我国外汇储备规模逐年提升，这为我国从贸易大国向投资大国转变提供了较好的条件。相关政府部门不仅需要做好引导，加强信息、金融、市场调查、咨询等各项服务，还应对有一定潜力的流通企业外向化经营予以相应的资金支持，推动流通企业“走出去”，从而提升我国在全球价值链治理中的掌控权。构建自主分销体系可以充分利用海外华人的社会网络关系，加强制造企业与流通企业的相互融合，逐步实现以自主分销逐步替代外资低价采购、以自主品牌逐步替代贴牌生产、以自主分销体系整合贸易中比较优势和竞争优势，最终提升我国现代流通业国际化水平，为提升产业竞争力提供重要支撑作用。

四、加快流通业专业化分工体系建设

我国流通业专业化分工与协作水平低，严重制约其运行效率和服务绩效。因此发展现代流通业必须加强产业内部和外部专业化分工体系建设。以分工深化为主线，批发、仓储、物流与零售商之间应形成明确的分工协作体系，充分利用价值链活动相关主体专有性资产优势，如商品储运设施、信息与融资渠道。由于批发和物流业发展水平相对滞后，政府应对批发、物流业予以政策支持与发展，提升其专业化服务水平。构建流通业专业化分工体系还有利于发挥批发、物流、仓储等价值链环节的规模经济效应和比较优势，降低价值链创新活动的流通成本，从而推动制造业价值链升级与创新。

五、积极推进百货企业经营模式创新

我国零售企业自营比例偏低，造成百货业经营差异化不明显和价格上恶性竞争。百货店联营和自营商品应该相辅相成，百货店既需要与大品牌供应商联营以提升店铺形象和降低经营风险，又需要以自营商品提高销售利润。百货店走向联营制有其资金和经营因素的原因，转变经营模式和提升自营比重目前还受到很多企业内外部因素的制约，联营和自营商品的比例、品类、服务组合需要适应市场竞争和消费需求。

政府应积极推动行业协会和企业间战略合作，努力构建跨区域百货店采购联盟，提升企业在商品采购上规模经济水平。同时，应强化百货企业在产品质量追溯和售后服务中的社会责任，推进商业与工业企业用电用水同价，降低银行卡刷卡扣点。百货企业应努力培育企业的买手队伍，提升企业在采购、产品设计和服务的专业化水平，科学确定联营和自营商品比例，选择适合企业市场定位和经营的品类和品牌予以自营。

要重视发展区域的差异化，在城市商圈日益饱和和竞争激烈的市场背景下，大型百货企业应积极向县域市场发展，将大众品牌商品引入县域和农村消费市场，大众品牌价格较低、产品周转速度快，不仅适应县域市场的消费特点和收入水平，而且供应商与百货店联营制诉求较弱，自营风险较小。

第四节　基于流通技术创新推进流通业发展

一、以信息化推动流通业技术进步

（一）加快流通信息化建设

信息化对提升流通业效率、降低流通费用都具有重要的作用，现代流通商正是借助现代信息技术准确把握市场消费需求，形成其在供应链中主导地位。我国流通企业信息化水平还比较低，信息技术投入量和投入结构与国外企业相比，还有较大差距。因此，必须加强我国流通企业信息化建设的步伐，提升流通业信息化水平。政府须加大流通信息投入的政策支持力度，支持流通领域信息技术、软件研发。改善企业信息投入结构，提高企业在信息网络、软件和相关服务方面的投入。科研机构和社会信息服务企业应围绕供应链管理、业务流程创新开发适应流通市场需求的相关产品，加快流通领域物联网应用技术解决方案的研发，有效推动流通领域物流网管理、控制和营运水平。信息化基础较好的流通企业应加快发展商业智能平台、云计算，提升企业在供应链、客户关系管理等方面的数据挖掘能力，提高信息技术对商业决策层面支撑力度。

加强信息化建设的一个重要内容是提高加强社会网络的互联水平，为不同行业和企业间网络互联以及物联网技术在流通领域的推广和应用创造有利条件。在一些流通公共信息服务领域，政府应主导构建相关信息服务平台，加强政府机构、企业、中介服务部门之间网络互联和信息共享，以此推动流通领域的网络互联水平。

导致信息互联水平低下的另外一个原因在于产销双方的信息沟通和协作意识较差，在需求变化频繁和竞争激烈的客户经济时代，产销双方需要认识到双方资源的共享是降低成本、创新流程、实现共赢的重要途径。应发挥行业协会的联系产销的中介作用，加强产销双方信息沟通的力度，建立产销间紧密的信息网络，充分发挥流通商和制造商的信息资源优势，降低流通费用，提升对市场需求的反应速度。

（二）利用信息技术创新交易手段

发展现代流通业需要重视利用信息技术创新交易手段，大型流通商要适应信息化时代流通方式的变革特点，积极利用现代信息技术创新交易手段，强化信息技术改造传统业务流程的力度。建立电子交易平台，积极发展线上交易。流通企业应加强网上店铺和信息网络建设，通过网上店铺发布交易信息、展示商品、洽谈业务，提升电子商务交易比重。钢材、粮食、农资等工业品流通企业应合理利用期货市场规避价格波动风险，通过拥有的大宗工业品资源，借助期货市场实现套期保值。流通商还可以利用信息技术强化企业在储存、运输、配送等供应链管理方面服务能力，从而进行产业链对接和价值链优化。信息技术广泛应用将赋予流通企业一种成长经济，使流通商优化整合生产性服务，提升服务专业化水平和竞争优势。

二、加强流通技术创新推广和扩散

从本书第三章分析结果可知，流通技术效率的恶化阻碍了流通效率的提升。企业在以巨额资金投入推动流通业进步的同时，忽视了对流通技术创新的推广和扩散。因此，在以技术创新发展现代流通业的过程中，相关主体应注重流通技术的推广和扩散。鉴于流通效率的区域差距，政府应注重流通技术区域间推广和扩散，推动物联网、云计算等现代信息技术在中西部区域流通业的应用程度。支持物联网、超高频无线射频、智能传感器等关键技术领域企业的自主研发与生产，逐渐提升关键技术的自主产权，完善流通信息技术设备的国内产业链条，依靠自主创新和规模化生产降低流通领域信息技术的使用成本。在中小流通企业中积极推广应用供应商库存管理、客户关系管理系统（CRM）等信息网络技术。加快构建多渠道、多途径的流通公共信息平台，提高政府在流通领域中信息、咨询等公共服务水平和能力。积极发挥行业协会的作用，加强流通技术创新的宣传和推广工作，定期举办多种形式的流通技术推广培训活动，提升中小流通企业经营人员的信息技术知识与能力，形成信息、咨询、培训的长效运行机制。

三、加强服务和商品标准化建设

现代流通商特别重视以连锁经营方式进行规模扩张，连锁经营是工业品流通体系发挥规模递增效应的重要途径，同时也通过扁平化的网络组织结构将配送、销售等流通职能予以重新整合，极大地降低工业品流通体系中的费用。而连锁经营的流通组织创新是在服务技术和产品标准化的条件下进行大规模复制的，只有实现服务技术和产品服务的标准化，流通企业才可以实现统一管理和经营，降低协调费用，并在标准化基础上稳步提升服务质量，将知识、信息予以有效分享，更容易实现复制式扩张，并通过积累的学习效应进一步获取规模经济和范围经济利益，从而实现从依赖个人经验的作坊式业态向大规模生产方式转变，创新传统流通业中商品和服务组织方式。具体的服务和产品的标准化包括商品标准化、计量标准化、质量标准化及物流标准化。

四、加强零售企业线上线下融合创新

（一）对顾客优质点评和互动给予平台补贴

在数字经济快速发展的背景下，抖音、快手和微视等短视频网络平台的快速发展，充分验证了顾客互动的价值。尤其是一些顾客通过 O2O 零售平台，发布的优质评论或视频可以吸引其他顾客，为实体零售带来流量，并帮助企业更好地把握渠道整合的方向，锁定顾客的消费需求。当实体零售在通过线下店铺、网上商城、微信社群等多种方式向顾客传递价值时，不仅需要及时回应、反馈和跟踪顾客的评论和偏好，还需要对顾客发布的优质内容与创意进行经济补贴，鼓励顾客持续参与。

（二）建设数字化多渠道管理体系和考核机制

在多渠道零售环境下，企业需要通过对现有线上线下资源进行数字化改造，以提高渠道运行效率。一是借助大数据技术建立准确的渠道分布图，有针对性地制定渠道分层管理方案，发挥线上线下的协同作用。二是运用互联网技术建立统一的库存、物流和交付等信息处理系统，整合供应商生产和价格信息，优化线上线下资源配置，持续跟踪顾客的订单与需求信息，完善采购、配送和销售的经营流程。通过数字化改造业务流程，自动化收集信息和问题，并利用数据挖掘软件快速高效分析大数据信息。三是理顺供应商、零售商和顾客的链接，建立系统的渠道评估标准和体系，提高渠道整合的激励效果。

（三）线上线下融合以提升不同客户群体体验为中心

在商业模式创新过程中，实体零售应以顾客需求为中心，对线上线下客户资源、商品、服务功能进行协调和整合，灵活运用各种渠道营销策略满足不同目标群体的消费需求，完成“多渠道整合—顾客价值创造—商业模式创新”的创新路径。在制定渠道营销策略时，需要遵守渠道策略一致性、有效性和灵活性的原则，提高不同客户群体满意度。积极联合第三方支付企业、社交平台、电商企业举办促销活动，挖掘顾客接触产品的原因，分析顾客的需求和购买动机。通过线上线下融合，促进实体零售与顾客的互动，制定高效的全渠道顾客沟通策略，以顾客喜爱的方式在全渠道范围内引导顾客，为顾客及时提供一对一的精准服务。

第五节 基于流通创新推动农村流通业发展

一、优化城乡流通规模等级分布

流通业空间布局是否合理，不仅关系其运行效率，而且影响农村消费市场的开发。城市商业主管部门需科学划分主商业中心、片区商业中心和社区商业中心，科学设置零售业态。从城乡流通规模等级分布的实证结果可以表明，市级中心地系数大约为县级中心地系数的 2. 33 倍。分地区来看，东部为 2. 66 倍，中部为 1. 51 倍，西部为 1. 43 倍。城市流通规模过高，城乡流通体系之间存在较大的不平衡性，显然这种不平衡性已经超出中心地体系阶层分布的特征，不利于农村消费市场的开拓和缩小城乡流通体系差距。因此，在完善农村流通体系建设的基础上，应重视县城流通业的发展。加强县城流通基础设施和农副产品市场建设，提升现代连锁经营超市和百货店、专卖店等新型流通业态的经营比重，加快推进县域中心地体系流通信息化水平，改善县城商业街传统面貌，提高县城同县城以下乡、镇、村的交通状况，增强县城流通业对县以下中心地市场的辐射能力。其次，需要做好城市流通业规划和引导，避免城市流通业重复建设和过度竞争，以土地、财政、税收等优惠政策引导城市商业骨干企业进入县城中心地体系，为城市部分商业服务职能下移至县城积极创造有利条件。最后，开拓农村消费市场不仅需要流通层面的政策创新，而且要重视从根本上缩短城乡差距，并注意与其他财政、农业、税收、道路规划、土地政策相互配合，发挥系统缩小城乡流通差距政策的综合效应。

二、加快农村流通创新

（一）加快政府主导的农村流通制度创新

相比城市，农村日用消费品流通体系较为滞后，随着农村居民收入水平的提升和新农村建设等相关政策的出台，优化农村消费品流通体系存在很大机遇。各级政府需要重视农村消费市场的开发和建设，切实做好县域重点乡镇商业网点建设项目的规划与实施工作，充分考虑城市与农村流通体系的功能衔接及空间分布规律。县域流通管理部门应会同同级规划主管部门努力做到商业网点与城乡发展项目“同步规划、同步建设、同步验收”。

各级政府在具体的政策实施过程中，应充分尊重市场规律，引导企业参与边远地区流通体系建设。针对承办企业的规模、技术等具体情况，对其经营绩效进行评估，分阶段对其经营重点方面地予以政策扶持，进一步提高财政拨款的使用效率，也进一步提升流通政策的有效性。另外，努力提高农业产业化和农民市民化水平，切实提升基层农村的道路、仓储等商业基础设施水平，加强农村社会化物流配送中心建设。政府和相关金融机构应为农民在仓储、保鲜运输等方面投资提供多种渠道的资金信贷支持，统筹安排农村流通用地指标，合理确定用地规模，并通过改造、租赁等多种方式保障流通业用地。农村物流配送和乡镇商贸中心建设应根据人口密度、消费水平和周边交通现实状况，确定具体建设标准，以缩短建设周期，提升资金利用效率。通过各种政策合力提升农村创新接受域元质量，并进而促进流通创新与国内价值链互动发展。

（二）加快零售企业在农村市场的创新扩散

零售企业通过流通创新与顾客和当地企业价值链实现互动发展。一方面，零售企业需要构建以适合城镇居民消费特点的乡镇商业中心的新型业态，在产品、服务组合上形成与城镇居民价值链的互动发展，增加顾客价值。另一方面，零售企业开拓农村消费市场，需要重视与农村涉农企业、中介组织合作，充分利用农村现有的商业经营网络和社会资源，大力发展新型流通组织体系。农村日用品流通的合作经济组织也应抓住机遇，创新经营模式与城市大型零售企业进行良好对接。广大农村中小型零售企业应积极发展自由连锁经营组织体系，提升产品采购、物流配送等的规模经济水平。

我国农村市场潜力巨大，农村市场也孕育出诸多成功企业。在加快零售企业创新，发展农村流通业的过程中，政府一方面应继续鼓励城市骨干零售企业带着资金、技术下乡；另一方面要充分发挥基层农村零售经营主体的积极性和创造性。在以财政、税收等政策扶持其发展的同时，要加强现代商贸经营知识和技能的培训。

参考文献

[1] 安妮·T. 科兰等. 营销渠道 [M]. 蒋青云, 孙一民, 译. 北京: 电子工业出版社, 2003.

[2] 奥古斯特·勒施. 经济空间秩序 [M]. 北京: 商务印书馆, 2010.

[3] 白小虎. 专业市场集群的范围经济与规模经济——义乌小商品市场的实证分析 [J]. 财贸经济, 2004 (2).

[4] 程大中. 中国生产性服务业的水平、结构及影响 [J]. 经济研究, 2008 (1).

[5] 程大中. 中国服务业与经济增长: 一般均衡模型及其经验研究 [J]. 世界经济, 2010 (10).

[6] 蔡津, 张正华. 基于博弈论的电子商务零售商与传统零售商的价格竞争模型 [J]. 上海理工大学学报, 2001 (1).

[7] 郭君平, 荆林波, 张斌. 新消费环境下中国百货业的发展现状及未来路径 [J]. 商业经济研究, 2015 (25).

[8] 陈林生. 聚集效应、中心地理论与区域经济协调发展 [J]. 财经科学, 2004 (1).

[9] 蔡文浩. 论商业制度创新的目标体系 [J]. 兰州商学院学报, 2001 (4).

[10] 陈文玲. 现代流通体系的革命性变革 [J]. 中国流通经济, 2012 (12).

[11] 陈为平, 申学锋, 姜瑛. 日用消费品连锁农家店经营关键成功因素研究 [J]. 财贸经济, 2009 (8).

[12] 陈云, 王浣尘, 沈惠璋. 互联网环境下双渠道零售商的定价策略研究 [J]. 管理工程学报, 2008 (1).

[13] 陈彦光. 城镇等级体系的 Beckmann 模型与三参数 Zipf 定律的数理

关系——Beckmann城镇等级—规模模型的分形与分维［J］. 华中师范大学学报（自然科学版），2001（2）.

［14］陈甬军. 市场通论［M］. 北京：中国人民大学出版社，2006.

［15］曹宗宏，赵菊，张成，闵杰，周永务. 品牌与渠道竞争下的定价决策与渠道结构选择［J］. 系统工程学报，2015（6）.

［16］但斌，曲祯经，张海月，刘灿梅. 供应链中制造商应对强势零售商的混合渠道策略［J］. 管理评论，2016（12）.

［17］杜丹清，占智康. 新经济背景下发挥消费基础性作用研究——基于流通功能拓展与平台组织再造的视角［M］. 经济学家，2018（2）.

［18］丁俊发. 中国流通业的变革与发展［J］. 中国流通经济，2011（6）.

［19］丁宁. 零售商对制造商行使纵向约束的绩效——基于生产者服务视角的区域与行业的实证研究［J］. 财贸经济，2010（2）.

［20］丹尼尔·斯普尔伯. 市场的微观结构——中间层及厂商理论（张军译）［M］. 北京：中国人民大学出版社，2000.

［21］段永瑞，代祥艳. 考虑损失厌恶和退货因素的双渠道定价策略［J］. 华中师范大学学报（自然科学版），2017（1）：84-92.

［22］范小军，刘虎沉. 基于消费者在线渠道接受差异的双渠道定价策略［J］. 系统管理学报，2015（5）：413-420.

［23］范小军，刘艳. 制造商引入在线渠道的双渠道价格与服务竞争策略［J］. 中国管理科学，2016（7）.

［24］顾朝林. 中国城镇体系等级规模分布模型及其结构预测［J］. 经济地理，1990（1）.

［25］郭冬乐. 中国内外贸一体化的实践、目标与政策建议——对流通组织形式的考察［J］. 财贸经济，2004（5）.

［26］顾乃华. 生产性服务业对工业获利能力的影响和渠道——基于城市面板数据和SFA模型的实证研究［J］. 中国工业经济，2010（5）.

［27］高铁生. 发挥流通产业先导作用 助推经济发展方式转变［J］. 经济研究参考，2012（10）.

［28］何大安. 市场治理结构与产业运行格局——对中国流通产业竞争

和垄断现状的理论考察［J］. 中国工业经济，2012（7）.

［29］何德旭，夏杰长等. 服务经济学［M］. 北京：中国社会科学出版社，2009.

［30］黄国雄. 论流通产业是基础产业［J］. 财贸经济，2005（4）.

［31］黄国雄. 关于推进我国现代流通体系建设的几点建议［J］. 财贸经济，2011（3）.

［32］洪涛，郑强. 城市流通力的内涵及其相应指标体系的建立［J］. 商业经济与管理，2002（11）.

［33］洪涛. "新零售"与电商未来趋势［J］. 商业经济研究，2017（5）：52－55.

［34］黄雨婷，文雯. 流通业发展、空间互动与城市经济增长［J］. 产业经济研究，2019（4）.

［35］纪宝成，谢莉娟，王晓东. 马克思商品流通理论若干基本问题的再认识［J］. 中国人民大学学报，2017（6）.

［36］纪宝成，谢莉娟. 新时代商品流通渠道再考察［J］. 经济理论与经济管理，2018（7）.

［37］江静，刘志彪，于明超. 生产者服务业发展与制造业效率提升——基于地区和行业面板数据的经验分析［J］. 世界经济，2007（8）.

［38］荆林波. 信息技术对服务业的渗透与影响——对"鲍穆尔"模式的再思考［J］. 财贸经济，2004（7）.

［39］荆林波，袁平红. 全球价值链变化新趋势及中国对策［J］. 管理世界，2019（11）.

［40］荆林波. 全球与我国零售业发展状况［J］. 商业经济研究，2020（7）.

［41］纪良纲，刘振滨. 改革开放以来我国商品流通速度的实证研究［J］. 财贸经济，2004（6）.

［42］江小涓. 服务全球化的发展趋势和理论分析［J］. 经济研究，2008（2）.

［43］江小涓. 服务业增长：真实含义、多重影响和发展趋势［J］. 经济研究，2011（4）.

[44] 金祥荣．义乌国际化：战略意义、转型方向和制度支持［J］．浙江经济，2005（15）．

[45] 金永生．中国流通产业组织创新研究［M］．北京：首都经济贸易大学出版社，2004．

[46] 李陈华，文启湘．流通企业的（规模）边界［J］．财贸经济，2004（2）．

[47] 李陈华．零售企业的连锁复制——来自沃尔玛1971－2008的经验证据［J］．经济科学，2009（4）．

[48] 李飞，刘明葳．中国商品流通现代化的评价指标体系研究［J］．清华大学学报（哲学社会科学版），2005（3）．

[49] 李飞，陈浩，曹鸿星，马宝龙．中国百货商店如何进行服务创新［J］．管理世界，2010（2）．

[50] 李飞，胡赛全，詹正茂．零售通道费形成机理——基于中国市场情境的多业态、多案例研究［J］．中国工业经济，2013（3）．

[51] 李飞，米卜，刘会．中国零售企业商业模式成功创新的路径——基于海底捞餐饮公司的案例研究［J］．中国软科学，2013（9）．

[52] 卢锋．当代服务外包的经济学观察：产品内分工的分析视角［J］．世界经济，2007（8）．

[53] 刘国光．推进流通改革，加快流通业从末端行业向先导性行业转化［J］．商业经济研究，1999（1）．

[54] 刘根荣，种璟．促进消费视角下城乡流通协调发展研究［J］．经济学家，2012（9）．

[55] 李海舰．中国流通产业创新的政策内容及其对策建议［J］．中国工业经济，2003（12）．

[56] 李金昌，程开明．等级扩散抑或传染扩散——国美连锁店的扩张之路兼与沃尔玛比较［J］．财贸经济，2008（3）．

[57] 李敬泉，满秀芳．零售商B2C模式下双渠道定价策略选择研究［J］．商业研究，2015（6）．

[58] 李骏阳，余鹏．对我国流通效率的实证分析［J］．商业经济与管理，2009（11）．

[59] 李骏阳，包鋆伟，夏禹铖．流通业对农村居民消费影响的实证研究 [J]．商业经济与管理，2011 (11).

[60] 陆立军，王祖强．专业市场 地方型市场的演进 [M]．上海：上海人民出版社，2008.

[61] 陆立军，俞航东，陆瑶．专业市场和产业集群的关联强度及其影响因素——基于浙江省绍兴市万份问卷的分析 [J]．中国工业经济，2011 (1).

[62] 陆立军，赵永刚．网络拓展、品牌嵌入与专业市场适应性——基于义乌“中国小商品城”的实证分析 [J]．中国软科学，2012 (7).

[63] 刘明宇，芮明杰，姚凯．生产性服务价值链嵌入与制造业升级的协同演进关系研究 [J]．中国工业经济，2010 (8).

[64] 刘明宇，芮明杰．价值网络重构、分工演进与产业结构优化 [J]．中国工业经济，2012 (8).

[65] 李善同，高传胜等．中国生产者服务业发展与制造业升级 [M]．上海：上海三联书店，2008.

[66] 柳思维，朱艳春，唐红涛．发展农村商圈与扩大农村消费的探讨 [J]．消费经济，2011 (6).

[67] 柳思维．强化食品市场安全监管维护消费安全有关问题的探讨 [J]．消费经济，2012 (2).

[68] 蔺涛．市场销售规模持续扩大 新消费增长点加速形成 [N]．中国信息报，2020. 1. 20.

[69] 林文益．贸易经济学 [M]．北京：中国财政经济出版社，1995.

[70] 刘向东，石明明，张小军．中国流通产业增长方式的转型——基于流通增长方式转换模型的实证分析 [J]．管理世界，2009 (2).

[71] 刘向东，王庚，李子文．国内零售业盈利模式研究——基于需求不确定性下的零供博弈分析 [J]．财贸经济，2015 (9).

[72] 刘向东，刘雨诗，陈成漳．数字经济时代连锁零售商的空间扩张与竞争机制创新 [J]．中国工业经济，2019 (5).

[73] 郎咸平．模式——零售连锁业战略思维和发展模式 [M]．北京：东方出版社，2006.

［74］吕一林．美国现代商品零售业——历史、现状与未来［M］．北京：清华大学出版社，2001．

［75］吕政，刘勇，王钦．中国生产性服务业发展的战略选择——基于产业互动的研究视角［J］．中国工业经济，2006（8）．

［76］刘志彪，张杰．全球代工体系下发展中国家俘获型网络的形成、突破与对策——基于 GVC 与 NVC 的比较视角［J］．中国工业经济，2007（5）．

［77］刘志彪，张杰．我国本土制造业企业出口决定因素的实证分析［J］．经济研究，2009（8）．

［78］娄朝晖．政府善治、专业化交易地理集中及其演化机理——转轨背景下“义乌商圈”崛起的新兴古典解释［J］．经济学家，2011（8）．

［79］林周二．流通革命［M］．北京：华夏出版社，2000．

［80］马克思．资本论［M］．郭大力，王亚南，译．北京：人民出版社，1975．

［81］迈克尔·波特．竞争战略［M］．陈小悦，译．北京：华夏出版社，1997．

［82］马龙龙．马克思论批发商品流通［J］．财贸经济，2005（1）．

［83］彭本红，冯良清．现代物流业与先进制造业的共生机理研究［J］．商业经济与管理，2010（1）．

［84］裴长洪，彭磊．中国流通领域改革开放回顾［J］．中国社会科学，2008（6）．

［85］裴长洪，荆林波．中国服务业开放与发展：特点与区域分析［M］．北京：经济管理出版社，2009．

［86］裴长洪，倪江飞．习近平新旧动能转换重要论述的若干经济学分析［J］．经济学动态，2020（5）．

［87］钱纳里，鲁滨逊，赛尔奎因．工业化与经济增长的比较研究［M］．吴奇，译．上海：上海三联书店，1989．

［88］任宝平．中国商贸流通业发展方式的评价及其转变的路径分析［J］．商业经济与管理，2012（8）．

［89］任兴洲．我国鲜活农产品流通体系发展的现状、问题及政策建议

[J]. 中国流通经济，2012 (5).

[90] 申成霖，侯文华，张新鑫. 顾客异质性渠道偏好下横向竞争对零售商混合渠道模式的价值 [J]. 系统工程理论与实践，2013 (12).

[91] 申成然，熊中楷，晏伟. 网络比价行为下双渠道定价及协调策略研究 [J]. 中国管理科学，2014 (1): 84-93.

[92] 史晋川. 制度变迁与经济发展："浙江模式"研究 [J]. 浙江社会科学，2005 (5): 17-22.

[93] 石奇，岳中刚. 零售商对制造商实施纵向约束的机制和绩效评价 [J]. 中国工业经济，2008 (5): 77-86.

[94] 施晟，卫龙宝，伍骏骞."农超对接"进程中的溢价产生与分配——基于"农户+合作社+超市"模式创新的视角 [J]. 财贸经济，2012 (9): 85-92.

[95] 宋则，荆林波. 加快流通创新，促进流通现代化 [J]. 财贸经济，2004 (4): 58-63.

[96] 宋则，王雪峰. 商贸流通业增进消费的政策研究 [J]. 财贸经济，2010 (11): 77-81.

[97] 宋则，常东亮，丁宁. 流通业影响力与制造业结构调整 [J]. 中国工业经济，2010 (8): 2-7.

[98] 宋则. 零售企业放弃自营、普遍联营的经济学分析——重温卡尔·马克思商业资本学说 [J]. 2018 (6): 5-13.

[99] 宋则. 筑牢现代流通体系高质量发展的微观基础 [J]. 中国流通经济，2018 (12): 14-19.

[100] 寿志刚，苏晨汀，杨志林，周南. 零售商的能力与友善如何影响供应商的关系行为——基于信任理论的实证研究 [J]. 管理世界，2008 (2): 97-109.

[101] 谭国富. 纵向约束的经济理论 [J]. 产业经济评论，2004 (3): 2-19.

[102] 汪德华，张再金，白重恩. 政府规模、法治水平与服务业发展 [J]. 经济研究，2007 (6): 51-63.

[103] 沃尔特·克里斯塔勒. 德国南部的中心地原理 [M]. 北京：商

务印书馆，2010.

［104］王国顺，杨晨．实体和网络零售下消费者的信任转移与渠道迁徙［J］．中南大学学报（社会科学版），2014（8）：9－16.

［105］王俊．流通业对制造业效率的影响——基于我国省级面板数据的分析［J］．经济学家，2011（1）：70－77.

［106］王强，陈丽娜．当代农村居民对新兴零售终端选择行为研究——以东部沿海地区农村居民为例［J］．财贸经济，2010（8）：96－102.

［107］文启湘，赵玻．新时期我国流通产业政策创新研究［J］．财贸经济，2003（7）：64－68.

［108］文启湘，梁爽．基于DEA模型的流通业与消费增长协调发展研究［J］．商业经济与管理，2010（10）.

［109］吴小丁．大型零售店“进场费”与“优势地位滥用”规制［J］．吉林大学社会科学学报，2004（5）.

［110］吴小丁，苏立勋，魏胜．基于情绪信任的店铺环境线索与再惠顾行为关系研究［J］．经济管理，2016（8）.

［111］王晓东，张昊．中国国内市场分割的非政府因素探析——流通的渠道、组织与统一市场构建［J］．财贸经济，2012（11）.

［112］王晓东，谢莉娟．社会再生产中的流通职能与劳动价值论［J］．中国社会科学，2020（6）：72－93，206.

［113］王晓东，王诗桪．中国商品流通效率及其影响因素测度——基于非线性流程的DEA模型改进［J］．财贸经济，2016（5）.

［114］王晓东，黎莎．马克思的服务劳动理论及其当代启示［J］．财贸经济，2020（3）.

［115］王晓东，陈梁，武子歆．流通业效率对制造业绩效的影响——兼论供给侧结构性改革中的流通先导性［J］．经济理论与经济管理，2020（4）.

［116］汪旭晖，徐健．服务效率、区域差异与影响因素：零售业上市公司证据［J］．改革，2009（1）.

［117］汪旭晖．自主创新对我国流通服务业发展的影响研究［J］．财经问题研究，2010（4）.

[118] 汪旭晖，陈佳琪．流通业助推制造业转型升级战略与作用机制：一个多案例研究［J］．中国软科学，2021（2）．

[119] 吴仪．大力推进流通现代化，培育发展大型流通集团［J］．管理世界，2003（3）．

[120] 武永红，范秀成．基于顾客价值的企业竞争理论整合［J］．经济科学，2005（1）．

[121] 王志宏，张小翠．需求与渠道偏好相关下渠道选择与定价研究［J］．山东理工大学学报（自然科学版），2011（6）．

[122] 徐从才，原小能．流通组织创新与现代生产者服务业发展［J］．财贸经济，2008（1）．

[123] 徐从才，丁宁．服务制造业互动发展的价值链创新与绩效——基于大型零售商纵向约束与供应链流程再造的分析［J］．管理世界，2008（8）．

[124] 徐从才．流通创新与现代生产者服务体系构建［M］．北京：中国人民大学出版社，2012．

[125] 徐从才，盛朝迅．大型零售商主导产业链：中国产业转型升级新方向［J］．财贸经济，2012（1）．

[126] 夏春玉，杨苗宜．零售业态适应性评价及影响因素判定［J］．财贸经济，2007（10）．

[127] 夏春玉，张闯，梁守砚．城乡互动的双向流通系统：互动机制与建立路径［J］．财贸经济，2009（10）．

[128] 夏春玉，杜楠，张闯．契约型农产品渠道中的契约治理、收购商管控与农户绩效［J］．经济管理，2015（1）．

[129] 许传永，苟清龙，周垂日，梁樑．两层双渠道供应链的定价问题［J］．系统工程理论与实践，2010（10）．

[130] 熊会兵，肖文韬．“农超对接”实施条件与模式分析［J］．农业经济问题，2011（2）．

[131] 夏杰长．“十二五”时期我国服务业发展总体思路研究［J］．经济学动态，2010（12）．

[132] 习近平．决胜全面建成小康社会 夺取新时代中国特色社会主义伟大胜利——在中国共产党第十九次全国代表大会上的报告［M］．北京：人民

出版社，2017.

［133］习近平．统筹推进现代流通体系建设 为构建新发展格局提供有力支撑［EB/OL］. https://baijiahao.baidu.com/s?id=1677356953542863682&wfr=spider&for=pc.

［134］谢莉娟．互联网时代的流通组织重构——供应链逆向整合视角［J］．中国工业经济，2015（4）.

［135］谢莉娟，庄逸群．互联网和数字化情境中的零售新机制——马克思流通理论启示与案例分析［J］．财贸经济，2019（3）.

［136］谢莉娟，王晓东．数字化零售的政治经济学分析［J］．马克思主义研究，2020（2）.

［137］亚当·斯密．国民财富的性质和原因的研究［M］．郭大力、王亚南，译．北京：商务印书馆，1994.

［138］晏妮娜，黄小原，刘兵．电子市场环境中供应链双源渠道主从对策模型［J］．中国管理科学，2007（3）.

［139］依绍华．流通体制改革战略思路与对策研究［J］．财贸经济，2013（5）.

［140］依绍华，郑斌斌．日本百货业发展演进特征及其对我国的启示［J］．国际贸易，2019（11）.

［141］依绍华，郑斌斌．中国流通业发展阶段特征与未来趋势［J］．首都经济贸易大学学报，2020（7）.

［142］晏维龙．生产商主导还是流通商主导——关于流通渠道控制的产业组织分析［J］．财贸经济，2004（5）.

［143］晏维龙．流通革命与我国流通产业的结构变动［J］．财贸经济，2002（10）.

［144］中共中央宣传部．习近平新时代中国特色社会主义思想学习纲要［M］．北京：学习出版社，人民出版社，2019.

［145］中共中央文献研究室．习近平关于社会主义经济建设论述摘编［M］．中央文献出版社，2017.

［146］张闯，夏春玉，梁守砚．关系交换、治理机制与交易绩效：基于蔬菜流通渠道的比较案例研究［J］．管理世界，2009（8）.

［147］张闯，马天园．激励、监督与经销商依从：依赖结构的调节作用［J］．商业研究，2019（12）．

［148］周长富，张二震．基于流通创新的现代生产者服务业内在机制分析［J］．商业经济与管理，2011（3）．

［149］赵德海，曲艺．中国地区零售服务业生产率的影响因素研究——基于空间面板计量经济分析［J］．商业研究，2017（3）．

［150］周殿昆．渠道冲突频发原因及治理路径分析——以超市连锁公司与供应商关系为例［J］．财贸经济，2008（4）．

［151］张昊．“电商造节”中的微观价格行为及竞争效应［J］．财贸经济，2018（11）．

［152］张昊．城市基础设施与居民消费水平——基于线上线下协同的促进机制［J］．商业经济与管理，2020（3）．

［153］祝合良，李晓慧．扩大内需与我国流通结构调整的基本思路［J］．商业经济与管理，2011（12）．

［154］祝合良，王明雁．消费思维转变驱动下的商业模式创新——基于互联网经济的分析［J］．商业研究，2017（9）．

［155］祝合良，石娜娜．流通业在我国制造业价值链升级中的作用与提升路径［J］．商业经济与管理，2017（3）．

［156］张杰，李克，刘志彪．市场化转型与企业生产效率——中国的经验研究［J］．经济学（季刊），2011（2）．

［157］仲凯旋，巩永华，薛殿中．零售商双渠道定价及协调研究［J］．南京邮电大学学报（社会科学版），2015（4）：46－51，90．

［158］赵连霞．制造商开辟网络直销下的混合渠道定价决策［J］．中国管理科学，2015（11）．

［159］张群群．交易费用、经济组织与治理机制［J］．财贸经济，2010（3）．

［160］周日星，苏为华．商贸流通业：统计监测评价体系研究［M］．北京：中国市场出版社，2006．

［161］张涛，庄贵军，藤文波．电子零售渠道的建立对各方收益的影响研究［J］．管理学报，2011（1）．

[162] 赵霞，徐永锋. 流通服务业对制造业效率的影响路径分析 [J]. 中南财经政法大学学报，2012 (2).

[163] 郑勇军，李婷. 技术创新、交易效率与专业市场制度演化 [J]. 科技进步与对策，2009 (2).

[164] 张赞，凌超. 网络零售商与实体零售商的价格竞争及其对市场绩效的影响研究 [J]. 产业经济研究，2011 (6).

[165] 周振华. 产业融合：产业发展及经济增长的新动力 [J]. 中国工业经济，2003 (4).

[166] Aghekyan-Simonian M, Forsythe S, Kwon S W. The role of product brand image and online store image on perceived risks and online purchase intentions for apparel [J]. Journal of Retailing and Consumer Services, 2012, 19 (3): 325 -331.

[167] Alves W R. Comments on Hudson's diffusion in a central place system [J]. Geographical Analysis, 1974, 6 (3): 303 -308.

[168] Basker E, Noel M. The evolving food chain: Competitive effects of Wal-Mart's entry into the supermarket industry [J]. Journal of Economics & Management Strategy, 2009, 18 (4): 977 -1009.

[169] Basker E. The causes and consequences of Wal-Mart's growth [J]. Journal of Economic Perspectives, 2007, 21 (3): 177 -198.

[170] Basker E. Does Wal-Mart sell inferior goods? [J] Economic Inquiry, 2011, 49 (4): 973 -981.

[171] Beckmann M J, McPherson J C. City size distribution in a central place hierarchy: An alternative approach [J]. Journal of Regional Science, 1970, 10 (1): 25 -33.

[172] Berry B J, Parr J B, Ghosh A, Smith R H. Market centers and retail location: Theory and applications [M]. London: Prentice Hall, 1988: 86 -105.

[173] Bertrand M, Francis K. Does entry regulation hinder job creation? Evidence from the french retail industry [J]. Quarterly Journal of Economics, 2002, 117 (4): 1369 -1413.

[174] Breinlich H, Niemann S, Solomon E. Channels of size adjustment and

firm performance [J]. Economics Letters, 2012, 116 (2): 202 -206.

[175] Bloom P N, Perry V G. Retailer power and supplier welfare: The case of Wal-Mart [J]. Journal of Retailing, 2001, 77 (2): 379 -396.

[176] Bontems P, Sylvette M, Vincent R. Strategic effects of private labels [J]. European Review of Agricultural Economics, 1999, 26 (2): 147 -65.

[177] Bernstein F, Song J S, Zheng X. Bricks-and-mortarvs. clicks-and-mortar: An equilibrium analysis [J]. European Journal of Operational Research, 2008, 187 (3): 671 -690.

[178] Cai G G. Channel selection and coordination in dual-channel supply chains [J]. Journal of Retailing, 2010, 86 (1): 22 -36.

[179] Cattain K D, Gilland W G, Swaminathan J M. Boiling forgs: pricing strategies for a manufacturer adding a direct channel that competes with the traditional channel [J]. Production and Operations Management, 2005, 15 (1): 40 -56.

[180] Cachon G, Fisher M. Supply chain inventory management and the value of shared information [J]. Management Science, 2000, 46 (8): 936 -953.

[181] Cameron A C, Trivedi P K. Microeconometrics: Methods and applications [M]. Cambridge: Cambridge University Press, 2005: 652 -674.

[182] Cavest D W, Christensen L R, Tretheway M W. Economies of density versus economies of scale: Why trunk and local service airline costs differ [J]. RAND Journal of Economics, 1984 (4): 471 -489.

[183] Campbell M C. Perceptions of price unfairness: Antecedents and consequences [J]. Journal of marketing research, 1999, 36 (2): 187 -199.

[184] Biyalogorsky E, Naik P. Clicks and mortar: The effect of online activities on off-line sales [J]. Marketing Letters, 2003, 14 (1): 21 -32.

[185] Chiang W K, Chhajed D, Hess J D. Direct marketing indirect profits: Strategic of dual-channel Supply-chain design [J]. Managment Science, 2003 (1): 1 -20.

[186] Ciccone A, Hall R E. Productivity and the density of economic activity [J]. The American Economic Review, 1996, 86 (1): 54 -70.

[187] Corsten D, Kumar N. Do suppliers benefit from collaborative relationships with large retailers? [J]. Journal of Marketing, 2005, 69 (3): 80 - 94.

[188] Coelli T J, Prasada R, Battese G E. An introduction to Efficiency and Productivity Analysis [M]. Boston: Kluwer Academic Publishers, 1998: 294 - 298.

[189] Chu W J. Demand Signaling and Screening in channels of Distribution [J]. Marketing Science, 1992, 11 (4): 327 - 347.

[190] Chen Z Q. Dominant retailers and the countervailing-power hypothesis [J]. The RAND Journal of Economics, 2003, 34 (4): 612 - 625.

[191] Daekwan K S, Tamer C, Roger J C. Information system innovations and supply chain management: Channel relations and firm performance [J]. Academy of Marketing Science Journal, 2003, 34 (1): 40 - 54.

[192] David S E. Some Empirical aspects of multi-sided platform industries [J]. Review of Network Economics, 2003, 2 (3): 191 - 209.

[193] Dhar S K, Stephen J H. Why Store brand penetration varies by retailer [J]. Marketing Science, 1997, 16 (3): 208 - 27.

[194] Dobson P, Waterson M, Chu A. The welfare consequences of The exercise of buyer power [R]. Working Paper Prepared for The Office Of Fair Trading, 1998: 1 - 55.

[195] Dobson P, Waterson M. Vertical restraints and competition policy [R]. Working Paper Prepared for The Office Of Fair Trading, 1996: 1 - 79.

[196] Doms M, Jarmin R, Klimek S. Information technology investment and firm performance in US retail trade [J]. Economics of Innovation and New Technology, 2004, 13 (7): 595 - 613.

[197] Ellison S F, Snyder C M. Countervailing power in wholesale pharmaceuticals super [J]. Journal of Industrial Economics 2010, 58 (1): 32 - 53.

[198] Ernst Young L. Global online retailing: An ernst and young special report [R]. Working Paper, 2011: 1 - 142.

[199] Ferris J S. Alternative approaches to vertical restraints: Theoretical models and current practices [J]. Submitted to the Competition Bureau,

2000: 15.

[200] Freund C L, Weinhold D. The internet and international trade in services [J]. The American Economic Review, 2002, 92 (2): 236 -240.

[201] Fujita M, Krugman P, Venables A J. The spatial economy: Cities, regions, and international trade [M]. Cambridge: MIT Press, 1999: 224 -242.

[202] Goe W R. The producer services sector and development within the deindustrializing Urban community [J]. Social Forces, 1994, 72 (4): 971 -1009.

[203] Gereffi G. International trade and industrial upgrading in the apparel commodity chain [J]. Journal of International Economics, 1999, 48 (1): 37 - 70.

[204] Gereffi G., Humphrey J. The governance of global value chains [J]. Review of International Political Economy, 2005, 12 (1): 78 -104.

[205] Gereffi G., Frederick S. The global apparel value chain, trade and the crisis: Challenges and opportunities for developing countries [R]. World Bank Policy Research Working Paper Series, 2010.

[206] Grubel H G, Walke M A. Service Industry Growth: Cause and Effcts [M]. Vancouver: Fraser institute, 1989: 4 -6.

[207] Grossman G M, Helpman E. Outsourcing in a global economy [J]. The Review of Economic Studies, 2005, 72 (1): 135 -159.

[208] Hark P S. Intersectoral relationships between manufacturing and services: New evidences from selected pacific basin countries [J]. Asian Economic Bullentin, 1999, 10 (3): 245 -263.

[209] Hausman J, Leibtag E. Consumer benefits from increased competition in shopping Outlets: Measuring the effect of Wal-Mart [J]. Journal of Applied Econometrics, 2007, 22 (7): 1157 -1177.

[210] Helpman E, Melitz M, Rubinstein Y. Estimating trade flows: Trading partners and trading volumes [J]. Quarterly Journal of Economics, 2008, 123 (2): 441 -487.

[211] Holmes T J. The Diffusion of Wal-Mart and economies of density [J]. Econometrica, 2011, 79 (1): 253 -302.

[212] Hsu W T. Central place theory and city size distribution [J]. The Economic Journal, 2012, 122 (563): 903 - 932.

[213] Humphrey J, Schmitz H. Inter-firm relationships in global value chains: Trends in chain governance and their policy implications [J]. International Journal of Technological Learning, Innovation and Development, 2008, 1 (3): 258 - 282.

[214] Huff D L. Defining and estimating a trade area [J]. Journal of Marketing, 1964, 28 (3): 34 - 38.

[215] Inderst R, Wey C. Buyer power and supplier incentives [J]. European Economic Review, 2007, 51 (3): 647 - 667.

[216] Izraeli D. The three wheels of retailing: A theoretical note [J]. European Journal of Marketing, 1993, 7 (1): 70 - 74.

[217] Jia P. What happens when Wal-Mart comes to town: An empirical analysis of the discount retailing industry [J]. Econometrica, 2008 (6): 1263 - 1316.

[218] Jensen T, Kees J, Burton S. Advertised reference prices in an internet environment: effects on consumer price perceptions and channel search intentions [J]. Journal of Interactive Marketing, 2003, 17 (2): 20 - 33.

[219] acen J, Hess J D, Chiang W Y. Bricks or clicks? Consumer attitudes toward traditional stores and online stores [J]. Global Economics and Management Review, 2013, 18 (1): 12 - 21.

[220] Kaplinsky R, Morris M. A Handbook For Value Chain Research [R]. IDRC, 2001.

[221] Kaplinsky R, Farooki M. What are the implications for global value chains when the market shifts from the north to the south? [J]. International Journal of Technological Learning, Innovation and Development, 2011, 4 (1): 13 - 38.

[222] Keha H T, Chu S. Retail productivity and scale economies at the firm level: A DEA approach [J]. Omega, 2003, 31 (2): 75 - 82.

[223] Kulp S C, Lee H L, Ofek E. Manufacturing benefits from information integration with retail customers [J]. Management Science, 2004, 50 (4): 431 -

444.

[224] Kuksov D, Pazgal A. The eeffects of costs and competition on slotting allowances [J]. Marketing Science, 2007, 26 (2): 259 – 267.

[225] Lariviere M A, Padmanabhan V. Slotting allowances and new product introduction [J]. Marketing Science, 1997, 16 (2): 112 – 128.

[226] Larke R, Davies K. Recent changes in the japanese wholesale system and the importance of the sogo shosha [J]. International Review of Retail, Distribution and Consumer Research, 2007, 17 (4): 377 – 390.

[227] Lal R, Sarvary M. When and how is the internet likely to decrease price competition [J]. Marketing Science, 1999, 18 (4): 485 – 503.

[228] Lee K S, Tan S J. E-retailing versus physical retailing: A theoretical model and empirical test of consumer choice [J]. Journal of Business Research, 2004, 56 (11): 877 – 885.

[229] Kumar N, Ruan R. On manufacturers complementing the traditional retail channel with a direct online channel [J]. Quantitative Marketing & Economics, 2006, 4 (3): 289 – 323.

[230] Matsa D A. Competition and product quality in the supermarket industry [J]. The Quarterly Journal of Economics, 2011, 126 (3): 1539 – 1591.

[231] Macavoy C J. Enforcement policy regarding slotting allowances [R]. ABA Section Of Antitrust Law, 1997: 1 – 22.

[232] Mathewson G F, Winter R A. An economic theory of vertical restraints [J]. Rand Journal of Economics. 1984, 15 (1): 27 – 38.

[233] McNair M P. Significant trends and developments in the postwar period [M]. Pittsburgh: University of Pittsburgh Press, 1958: 1 – 25.

[234] Meyer J W, Brown L A. Diffusion agency establishment: The case of friendly ice cream and public-sector diffusion processes [J]. Socio-Economic Planning Sciences, 1979, 13 (5): 241 – 249.

[235] Park S Y, Keh H T. Modelling hybrid distribution channels: A game-theoretic analysis [J]. Journal of Retailing and Consumer Services, 2003, 10 (3): 155 – 167.

[236] Paul N B, Vanessa G P. Retailer power and supplier welfare: The case of walmart [J]. Journal of Retailing, 2001, 77 (3): 379 - 396.

[237] Jones P. Retail innovation and diffusion: The spread of asda stores [J]. Area, 1987 (3): 197 - 201.

[238] Pederson P. Innovation Diffusion within and between national urban system [J]. Geographical Analysis, 1970, 2 (3): 203 - 254.

[239] Peppard J, Rylander A. From value chain to value network: Insights for mobile operators [J]. European management journal, 2006, 24 (2): 128 - 141.

[240] Rauch J. Trade and search: Ocial capital, sogo shosha, and spillovers [R]. NBER, 1996.

[241] Rochet J C, Tirole J. Platform competition in two-sided markets [J]. Journal of the European Economic Association, 2003, 1 (3): 990 - 1029.

[242] Rosenbloom B. The Wholesaler's role in the marketing channel: Disintermediation vs reintermediation [J]. International Review of Retail, Distribution and Consumer Research, 2007, 17 (4): 327 - 339.

[243] Rey P, Tirole J. The logic of vertical restraints [J]. American Economic Review, 1986, 76 (5): 921 - 939.

[244] Riddle D. Service-Led growth: The role of service sector in world development [M]. New York: Praeger Publishers. 1985: 27.

[245] Rubinstein A, Wolinsky A. Middlemen [J]. Quarterly Journal of Economics, 1987, 102 (2): 581 - 593.

[246] Rubio R S, Ruiz F M. Economic efficiency in supermarkets: Evidences in Spain [J]. International Journal of Retail & Distribution Management, 2006, 34 (2): 155 - 171.

[247] Samli A C, El-Ansary A I. The role of wholesalers in developing countries [J]. International Review of Retail, Distribution and Consumer Research, 2007, 17 (4): 353 - 358.

[248] Sako M. Outsourcing and offshoring: Implications for productivity of business services [J]. Oxford Review of Economic Policy, 2006, 22 (4): 499 - 512.

[249] Shaffer G. Slotting allowances and resale price maintenance: A comparison of facilitating practices [J]. RAND Journal of Economics, 1991, 22 (1): 120 - 136.

[250] Sobel R S, Dean A M. Has Wal-Mart build mom And pop? The impact of Wal-Mart on self-employment and small establishments In the United States [J]. Economic Inquiry, 2008, 46 (4): 676 - 695.

[251] Schmitz H. Local upgrading in global chains: Recent findings [R]. DRUID Summer Conference, 2004.

[252] Stone K E. Impact of Wal-Mart stores on iowa communities: 1983 - 93 [J]. Economic Development Review, 1995, 13 (2): 60 - 69.

[253] Sudhee G, Loulou R. Process innovation, product differentiation, and channel structure: Strategic incentives in a duopoly [J]. Marketing Science, 1998, 17 (4): 301 - 316.

[254] Tang F, Xing X. Will the growth of multi-channel retailing diminish pricing efficiency on the Web? [J]. Journal of Retailing, 2001, 77 (3): 319 - 333.

[255] Theodoridis P K, Chatzipanagiotou K C. Store image attributes and customer satisfaction across different customer profiles within the supermarket sector in Greece [J]. European Journal of Marketing, 2009, 43 (5): 708 - 734.

[256] Thoms O G, Ashon D. Spatial diffusion of Wal-Mart: Contagise hieraous and reverse hierarchical elements [J]. Professional Geographer, 1994, 46 (1): 19 - 29.

[257] Tsay A, Atrawal N. Channel conflict and coordination in the E-Commerce age [J]. Production & Operations Management, 2010, 13 (1): 93 - 110.

[258] Timmer M P, Ypma G. Productivity levels in distributive trades: A new icop dataset for OECD countries [R]. Groningen Growth and Development Centre, 2006: 4 - 42.

[259] Yang X, Rice R. An equilibrium model endogenizing the emergence of a dual structure between the urban and rural sectors [J]. Journal of Urban Economics, 1994, 35 (3): 346 - 368.

[260] Young A. Increasing returns and economic progress [J]. The Economic Journal, 1928, 38 (152): 527-542.

[261] Williams C, Patrick R. Vertical restraints and the market power of large distributors [J]. Review of Industrial Organization, 2000, 17 (3): 135-153.

[262] Wolk A, Ebling C. Multi-channel price differentiation: An empirical investigation of existence and causes [J]. International Journal of Research in Marketing, 2010, 27 (2): 142-150.

[263] Zettelmeyer F. Expanding to the internet: Pricing and communications strategies when firms compete on multiple channels [J]. Journal of Marketing Research, 2000, 37 (3): 292-308.

后　记

本书由我近年来研究成果整理而来，基于流通创新、流通业影响力、流通功能拓展的逻辑，运用计量和统计方法，检索和阅读了大量国内外文献，梳理了国务院、商务部和地方政府相关政策文件。研究团队也对相关商业企业进行调研，设计调查问卷和调研提纲。本书相关研究的一些阶段性成果公开发表在核心期刊，并被中国人民大学报刊复印资料《贸易经济》全文转载，一些政策建议也被市级、县级政府所采纳。但本书的研究还存在很多不足，如在线上线下商业企业商业模式创新、现代流通体系建设、物流现代化水平等方面还需要深化相关研究。

特别感谢在本书形成过程中相关专家的大力支持：中国人民大学王晓东教授、北京工业大学祝合良教授、中国社会科学院荆林波研究员、依绍华研究员、河北经贸大学纪良纲教授、湖南工商大学柳思维教授、重庆工商大学曾庆均教授、北京工商大学洪涛教授、安徽师范大学张庆亮教授、安徽省社会科学院孔令刚研究员。

感谢南京财经大学徐从才教授、中国社会科学院宋则研究员、东北财经大学汪旭晖教授、张闯教授、南京审计大学徐振宇教授、上海应用技术大学宋思根教授、安徽财经大学陈阿兴教授、武云亮教授对本书相关研究成果提出的宝贵意见。

感谢安徽财经大学副校长冯德连教授、安徽财经大学国际经济贸易学院院长邢孝兵教授以及安徽财经大学科研处、国际经济贸易学院对本书研究团队的帮助。

感谢经济科学出版社经管图书出版中心主任崔新艳编审、胡成洁编辑在本书出版、校对过程中给予的专业指导。

感谢我的父母、家人对我研究工作的理解和支持。

丁宁

2021. 5. 28